MUSICANTICA
Trascrizioni di Musica Antica
Early Music Transcriptions

I0107541

Giovanni Antonio
PANDOLFI MEALLI
SONATE A VIOLINO SOLO

PER VIOLINO E B.C. | FOR VIOLIN AND B.C.

op 3 & op 4

Innsbruck, Michele Wagner, 1660

complete edition

PARTITURA

SCORE

M*

trascrizione e pubblicazione | edited & published
Michele Bertucci
edizione pratica per esecutori | practical edition for performers
Modern Urtext Editions
copyright 2010

SONATE OPERA TERZA

S O N A T E

à violino solo,
PER CHIESA E CAMERA.

DI
D. GIO. ANTONIO PAN.
DOLFI MEALLI MUSICO
DEL SERENISSIMO
FERDINANDO CARLO
ARCIDUCA D'AUSTRIA, &c.

Consacrate

All'Altezza di Madama Serenissima

l'Arciduchessa Regnante
A N N A
D'AUSTRIA, ETC
OPERA TERZA

ANNO   M.DC.LX

INSPRUCH.
Appresso MICHELE WAGNER.

SERENISSIMA ALTEZZA

A V. A. Serenissima che ha un animo ripieno di perfetta Armonia, ardico di consecrare le Vigilie del mio Arco. Sopra cui appoggiero' le speranze d'ogni mia buona Fortuna, quando V.A. Serenissima degni d'un Clementissimo gradimento. Di questo dunque, e del suo benefico patrocinio humilmente suplicandola faccio all' A.V. Serenissima profondissimo inchino

di V.A.S.^{ma}

Humiliss.^{mo} Osseq.^{mo} & Oblig.^{mo} Servitore

D. Gio. Antonio Pandolfi Mealli.

Sonata Prima
La Stella
Al Molto Illustre & Molto Reverendo Padre D. Benedetto Stella Monaco Cestercense e
Priore di S. Gio. Battista di Perugia

25
6
28
31
forte
piano
forte
piano
forte
piano
34
forte
forte [?]
piano
forte
38
41

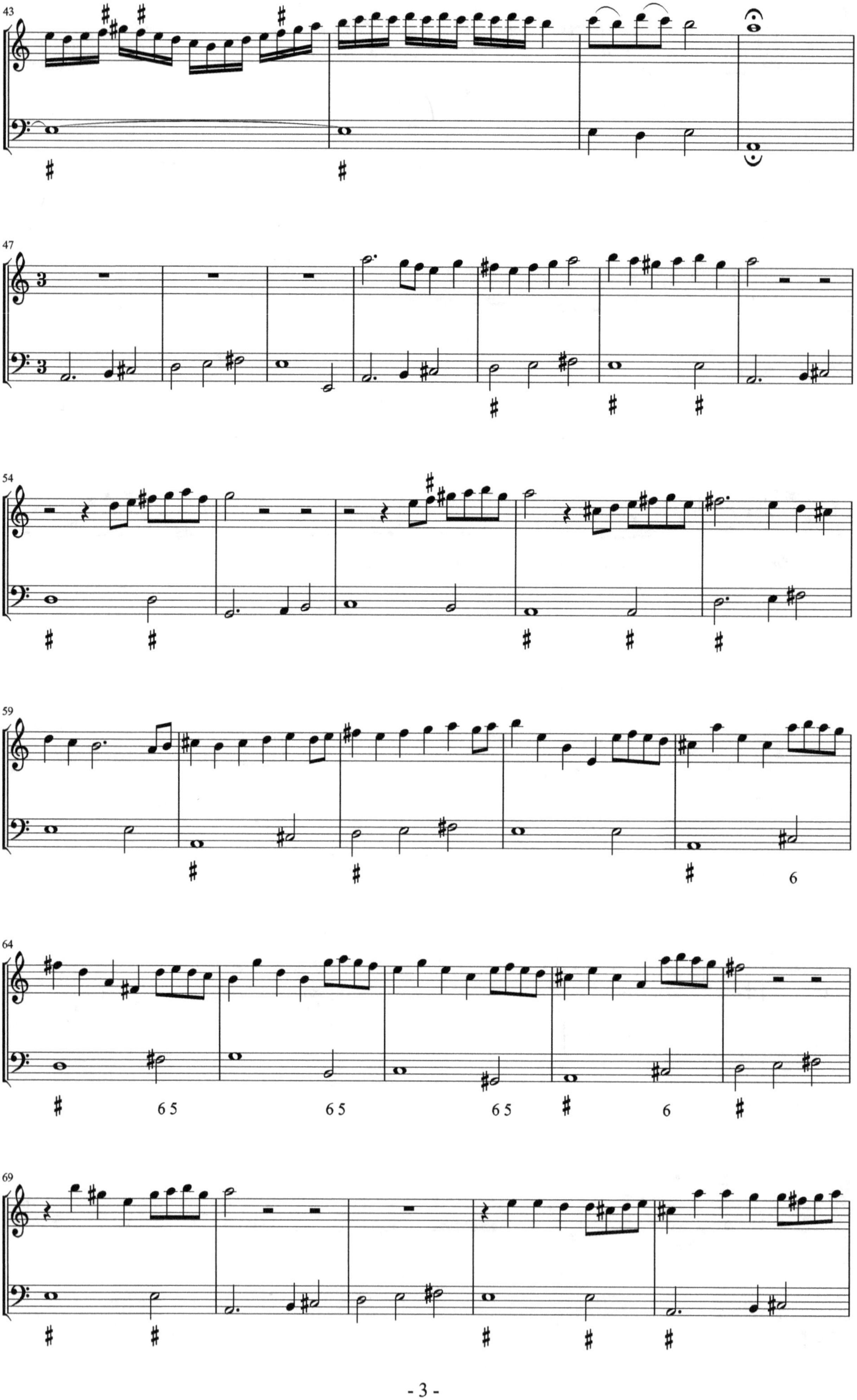

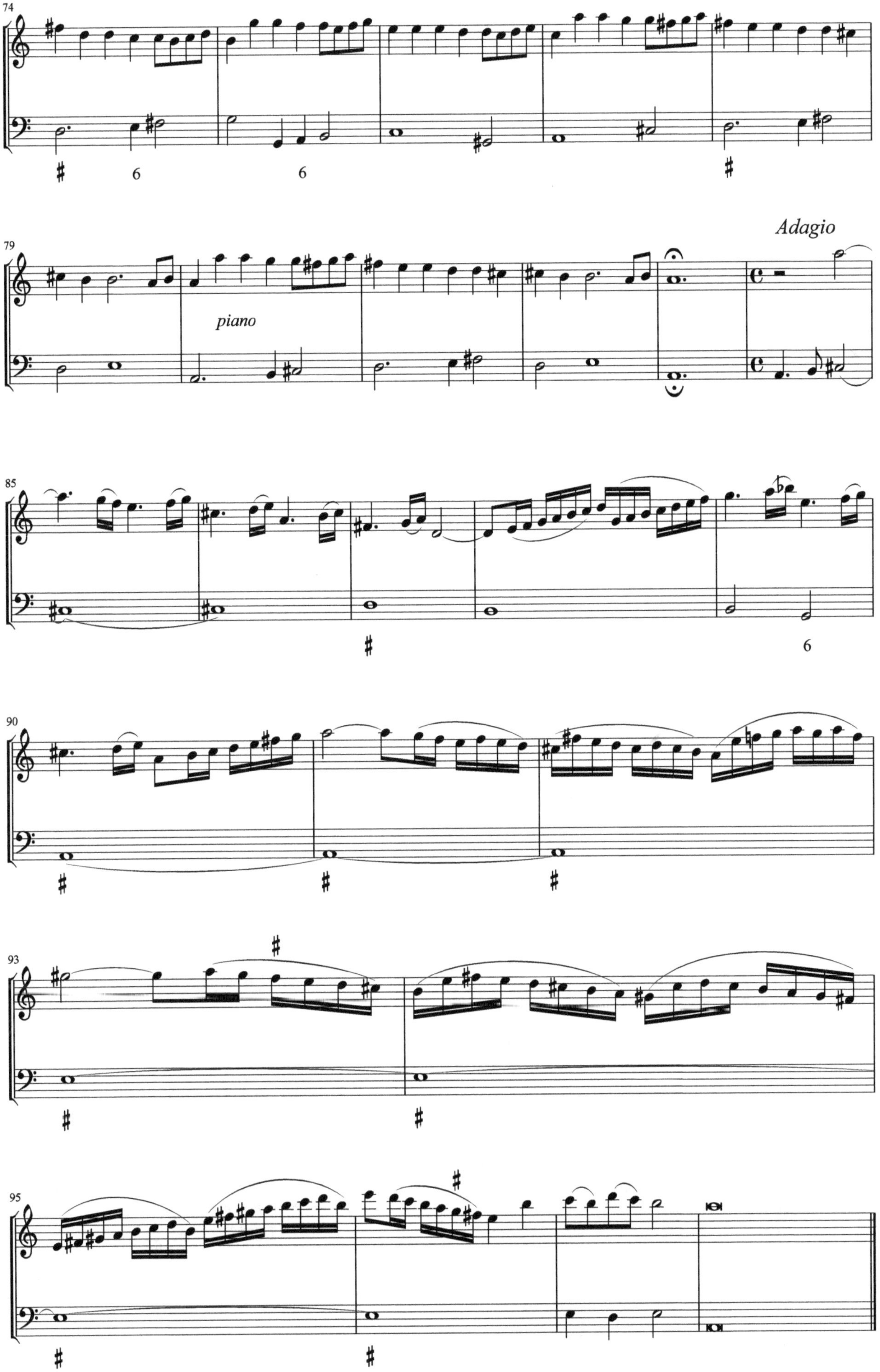
Adagio
piano

Sonata Seconda
La Cesta

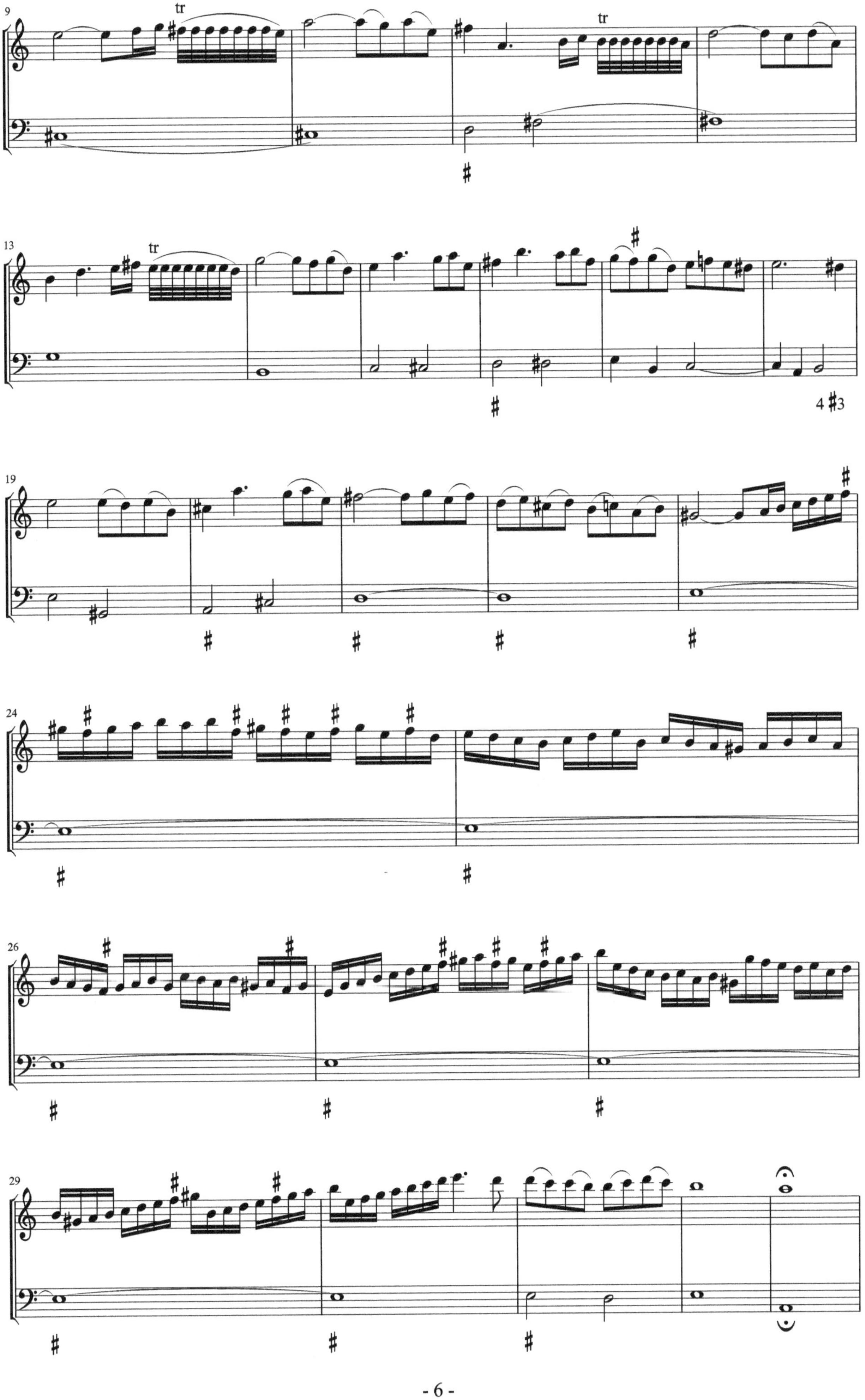
9
tr
tr
13
tr
4 ♯3
19
24
26
29

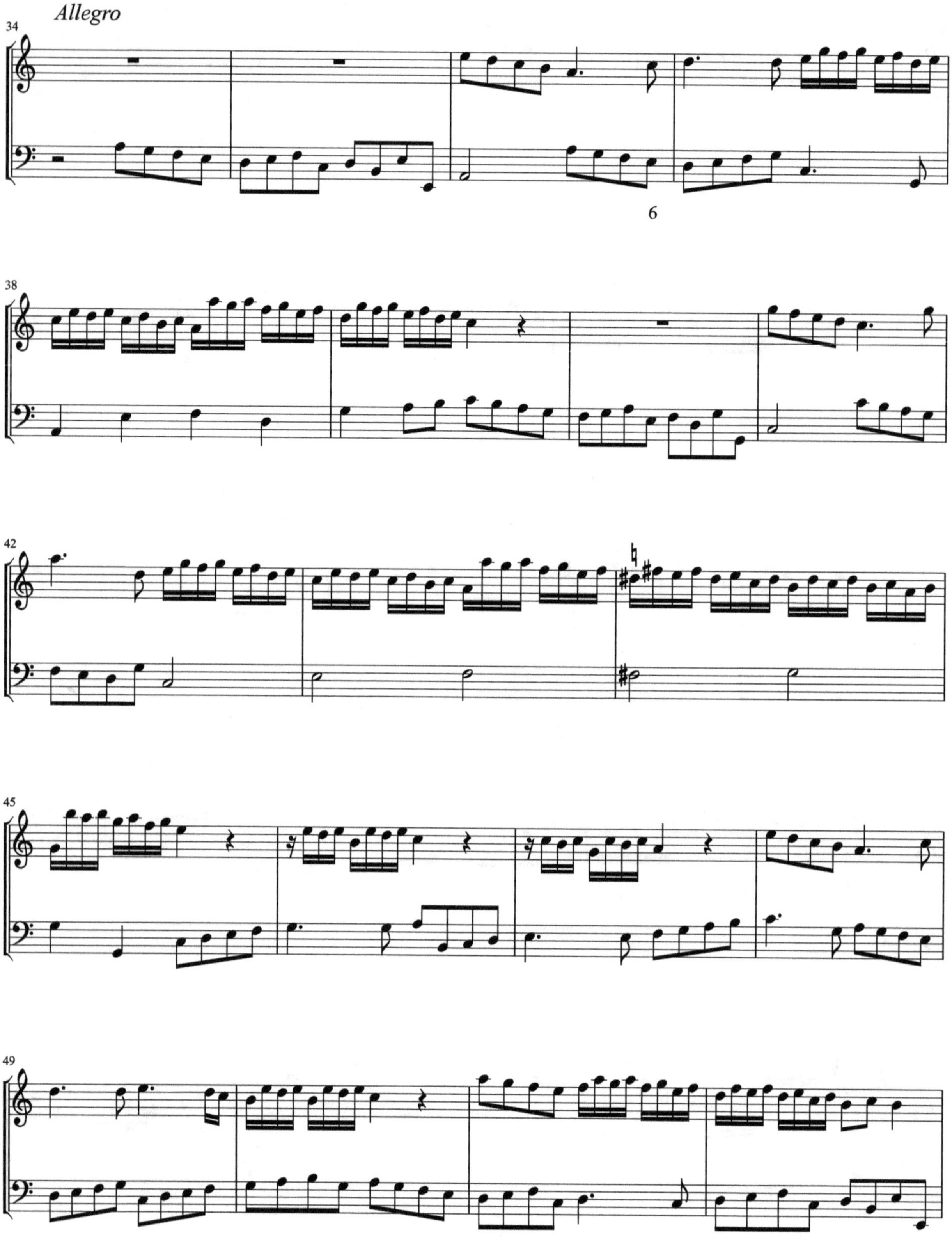
Allegro
34
6
38
42
45
49
53

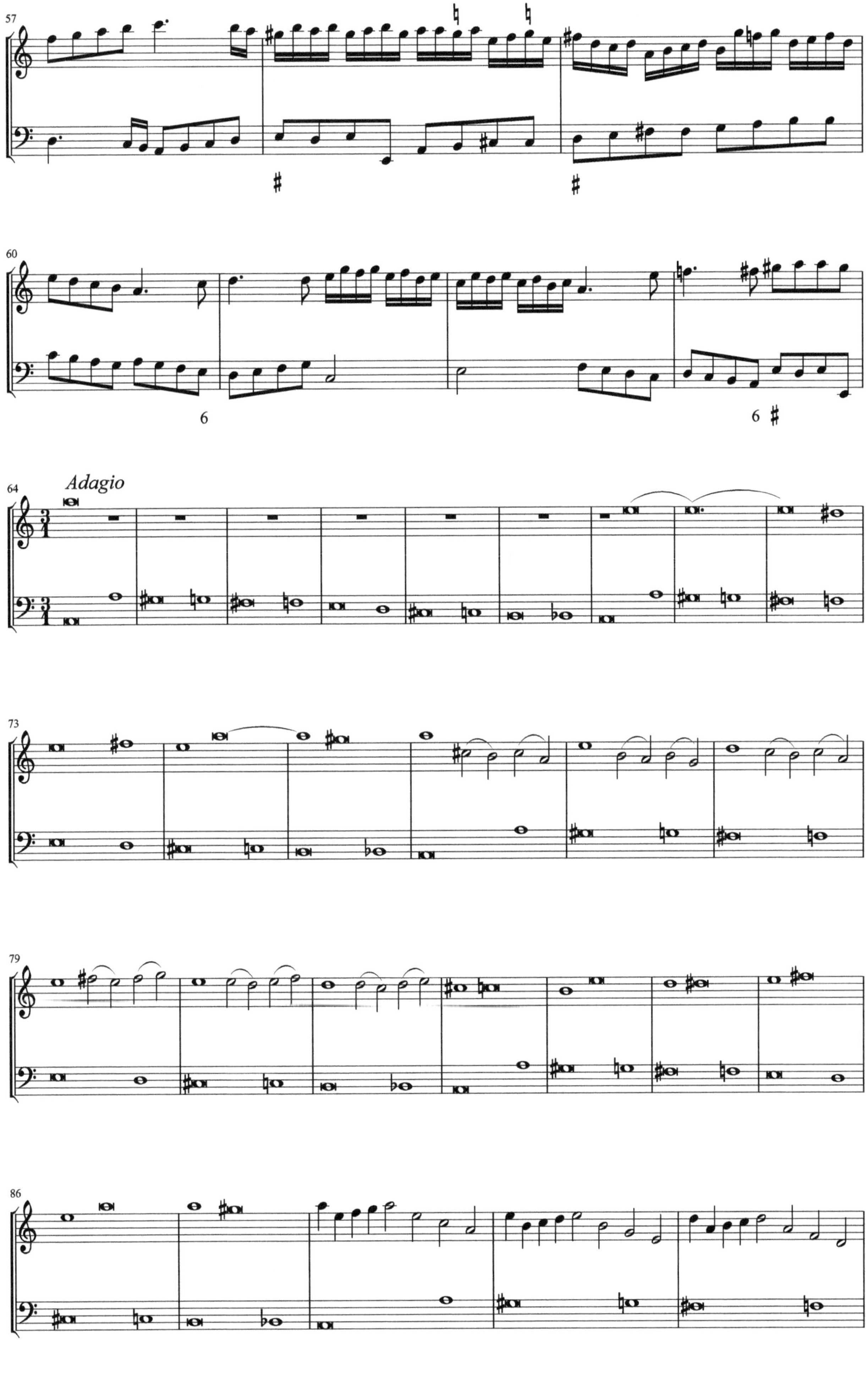
Adagio

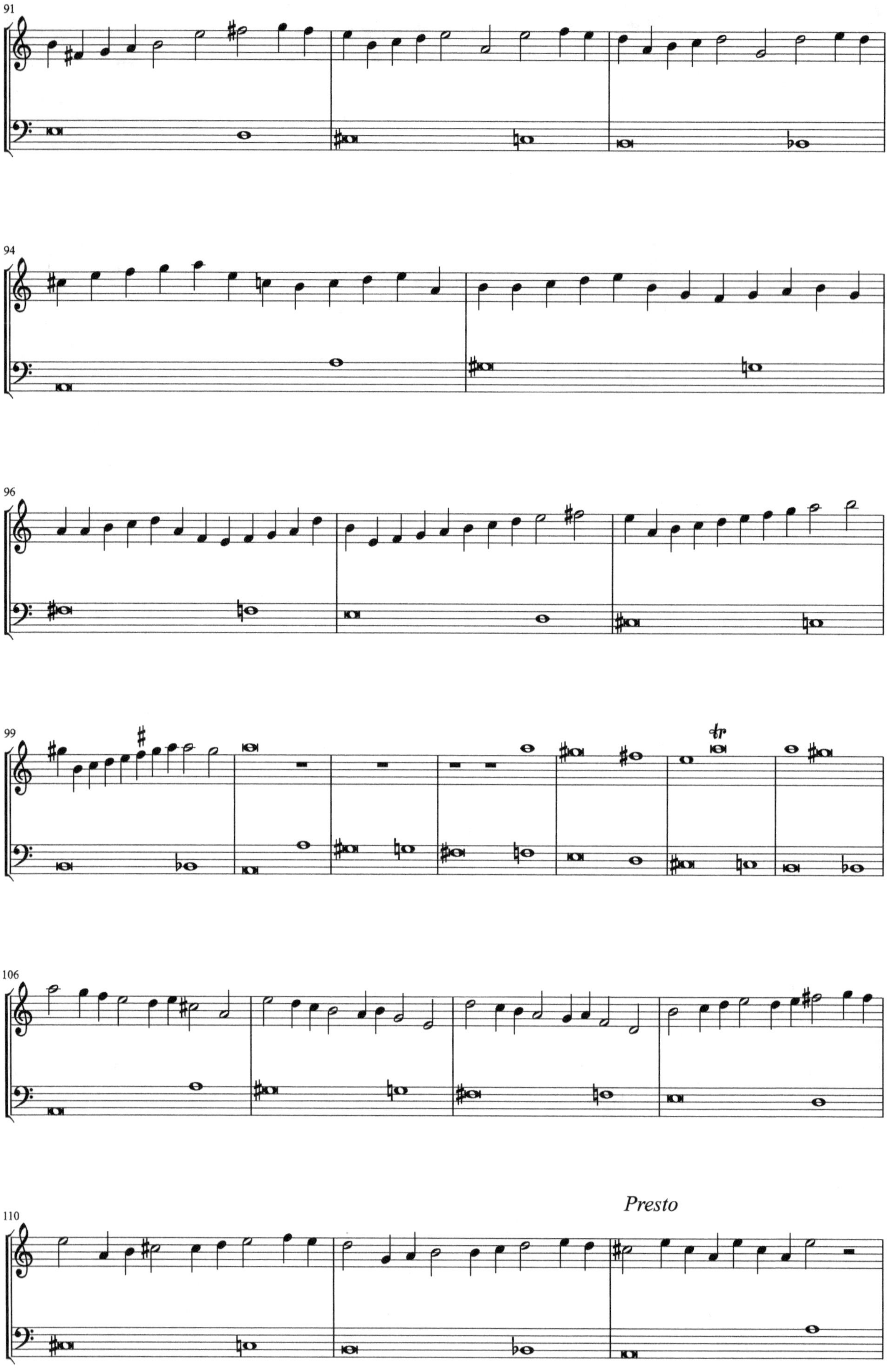
91
94
96
99
tr
106
Presto
110

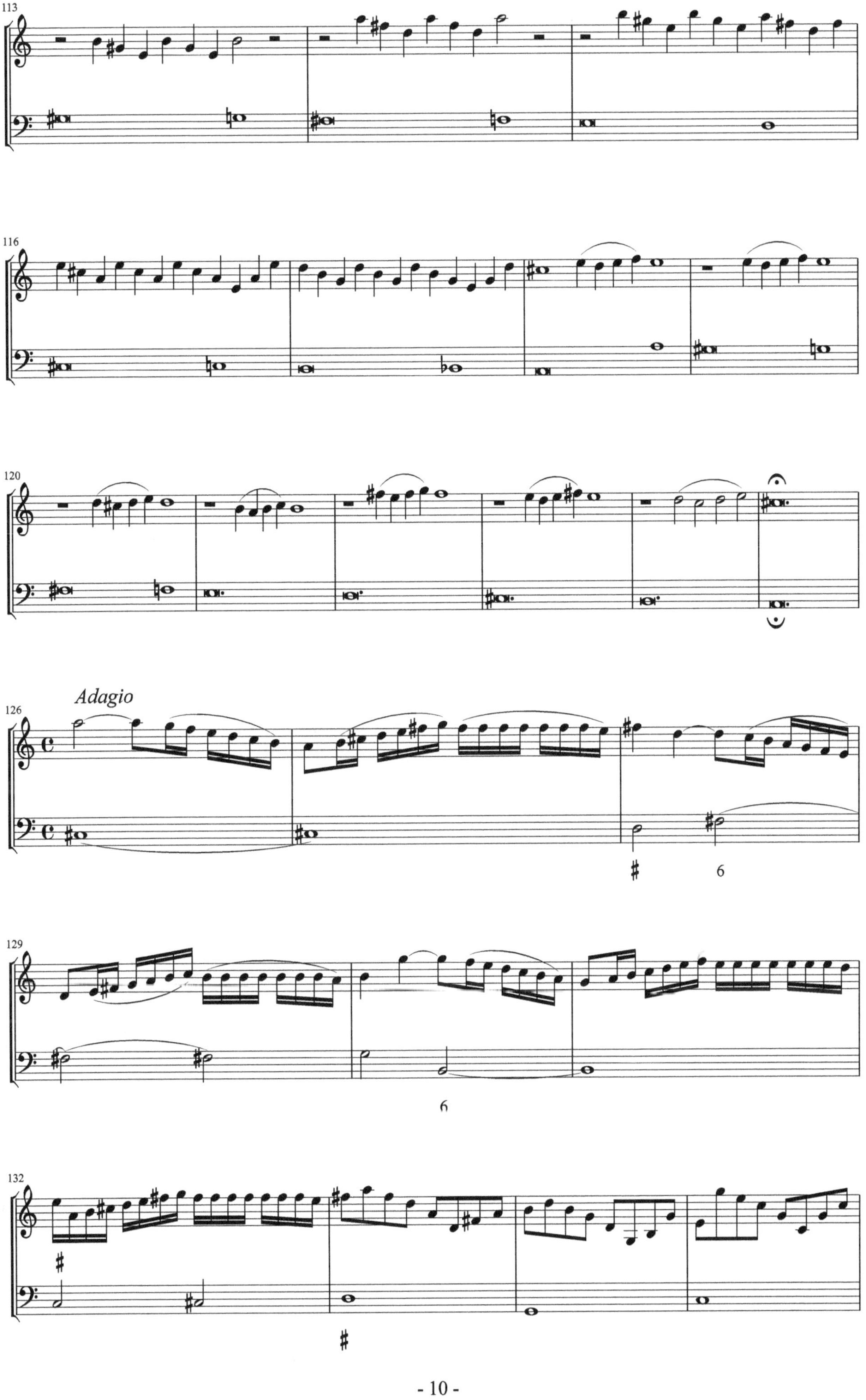
113
116
120
Adagio
126
6
129
6
132

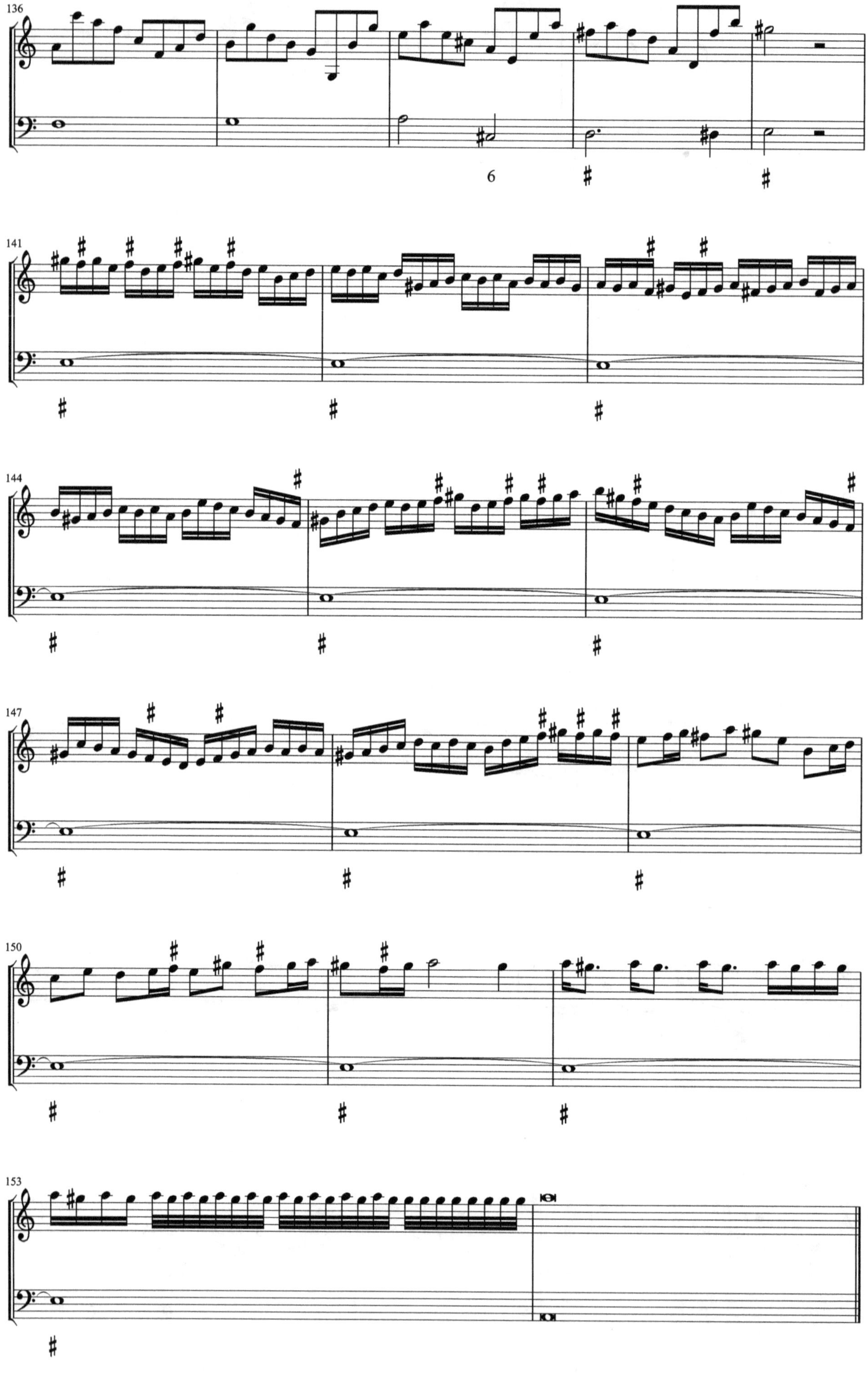
136
6
141
144
147
150
153

Sonata Terza
La Melana

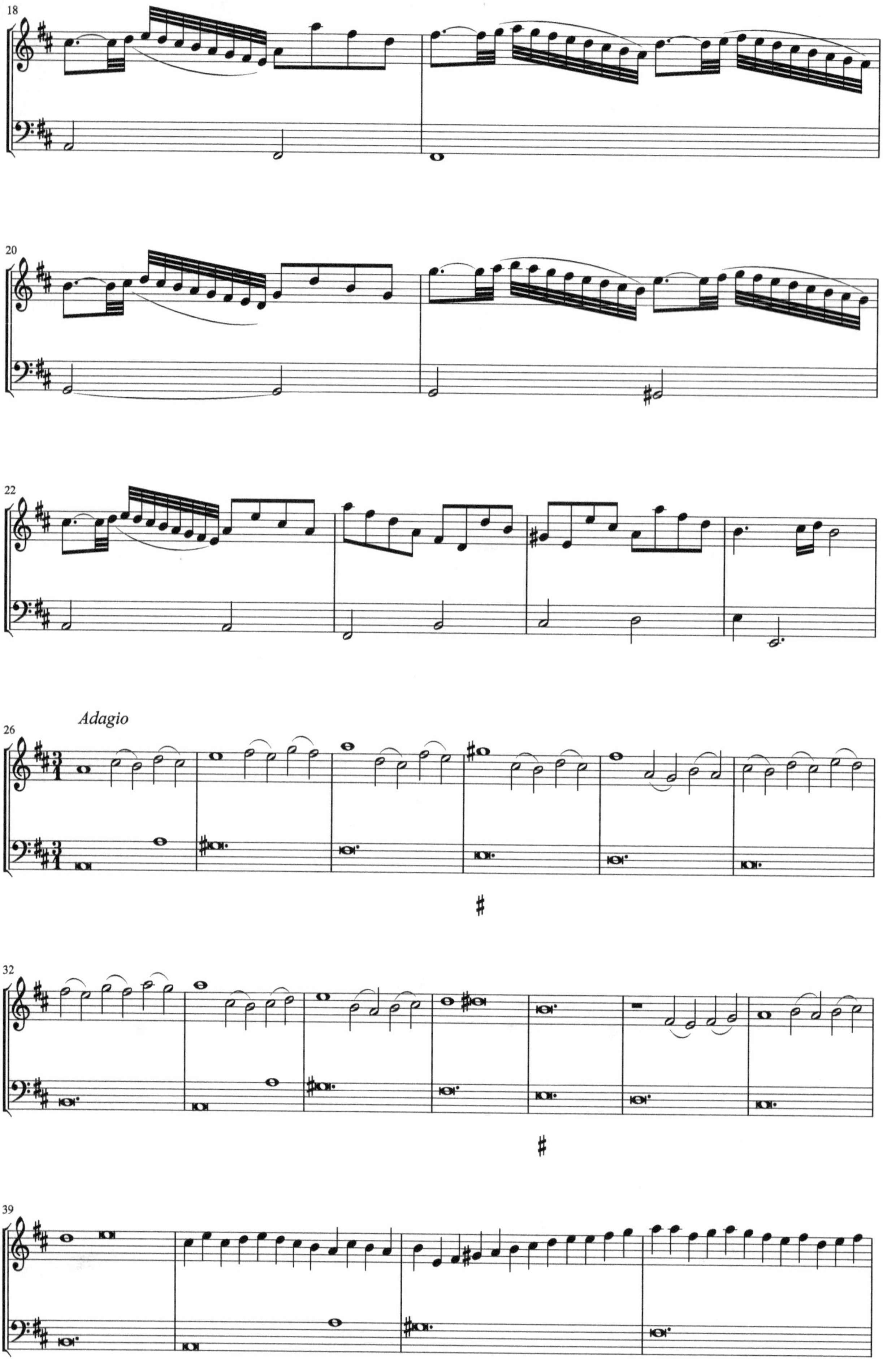
18
20
22
Adagio
26
32
39

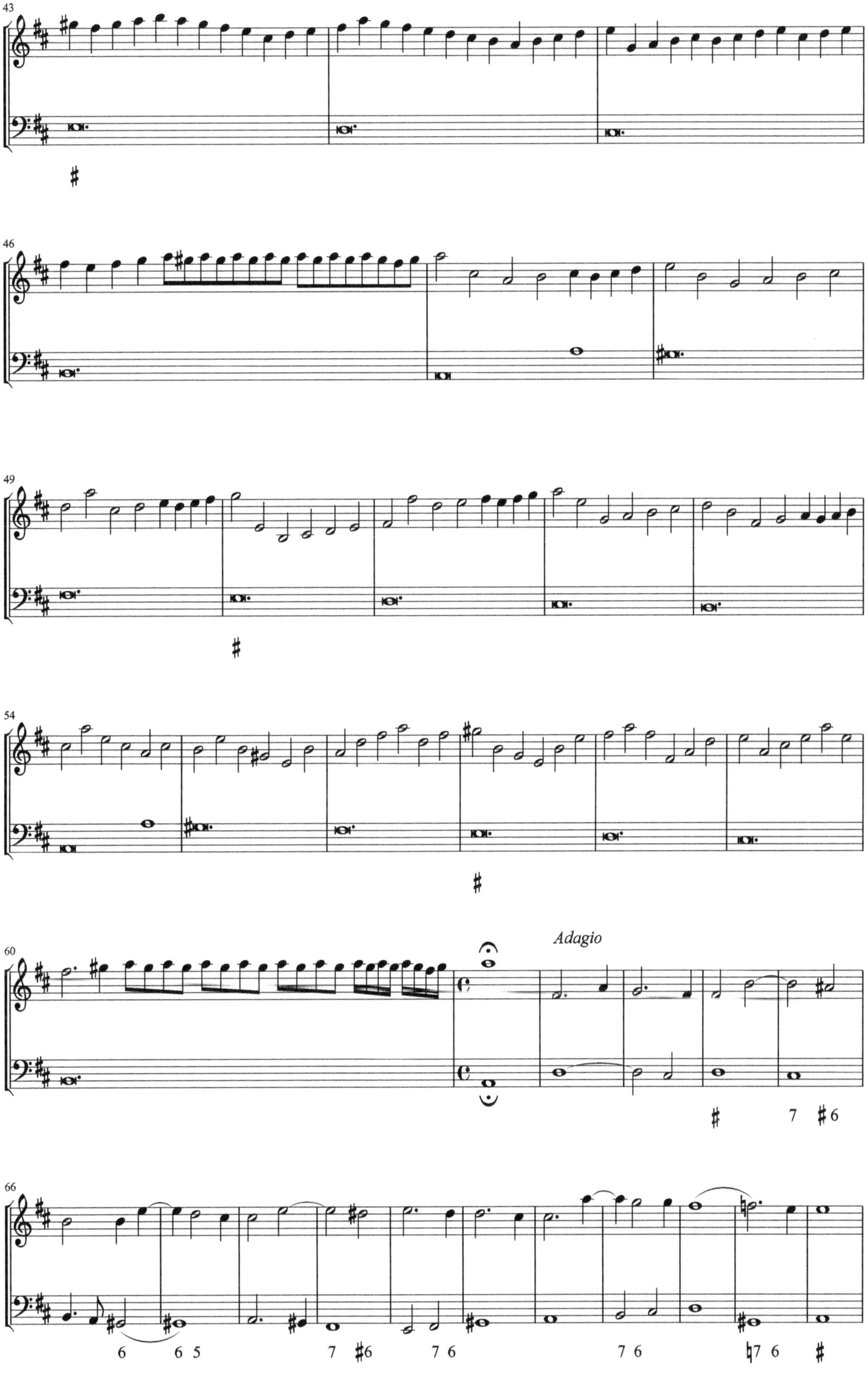
43
46
49
54
60
Adagio
7 ♯6
66
6 6 5 7 ♯6 7 6 7 6 ♮7 6

Allegro
piano
forte
forte
piano
forte
forte
piano
Adagio
piano
7 6
forte
piano

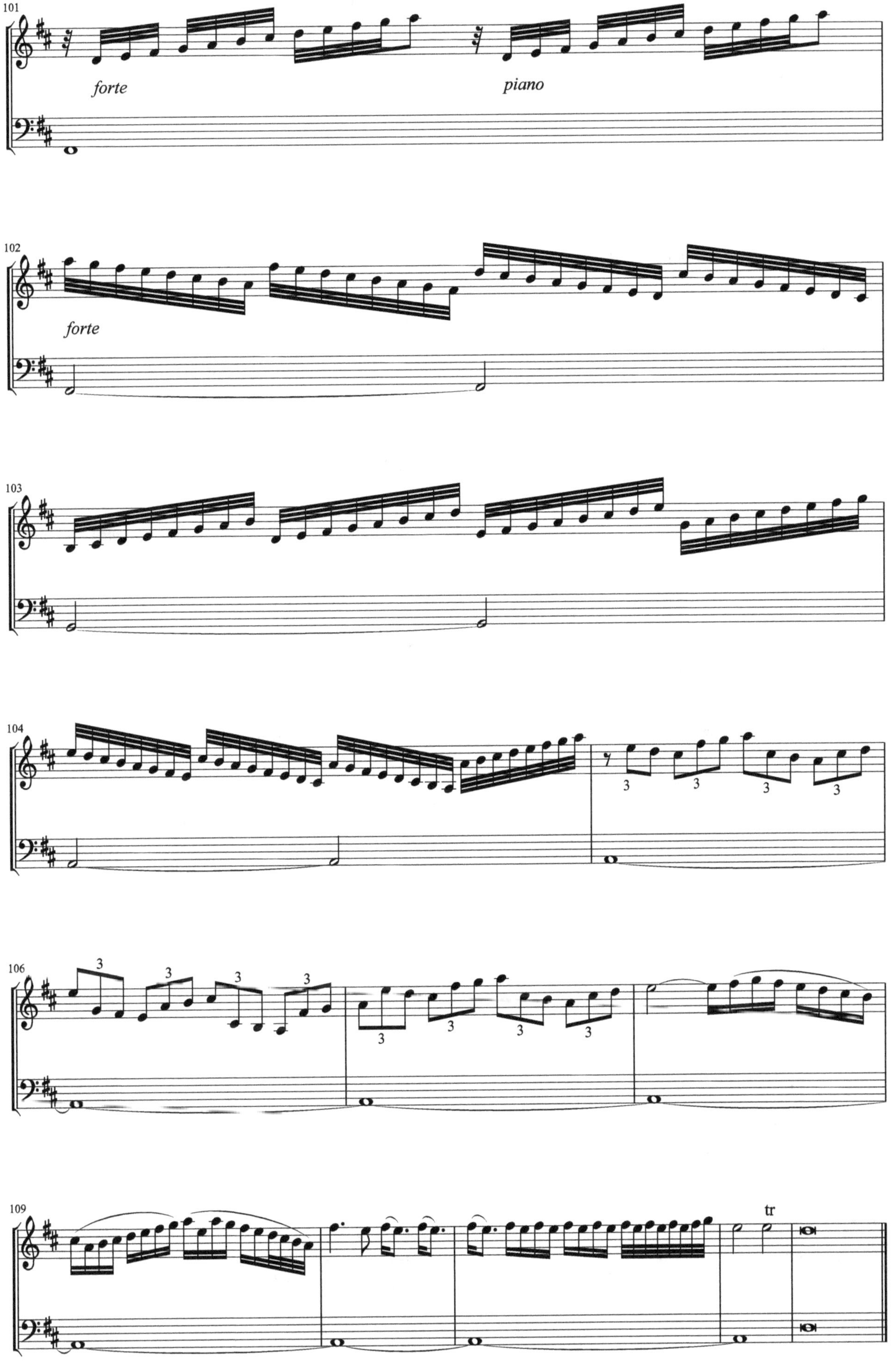
101
forte
piano
102
forte
103
104
106
109
tr

Sonata Quarta
La Castella

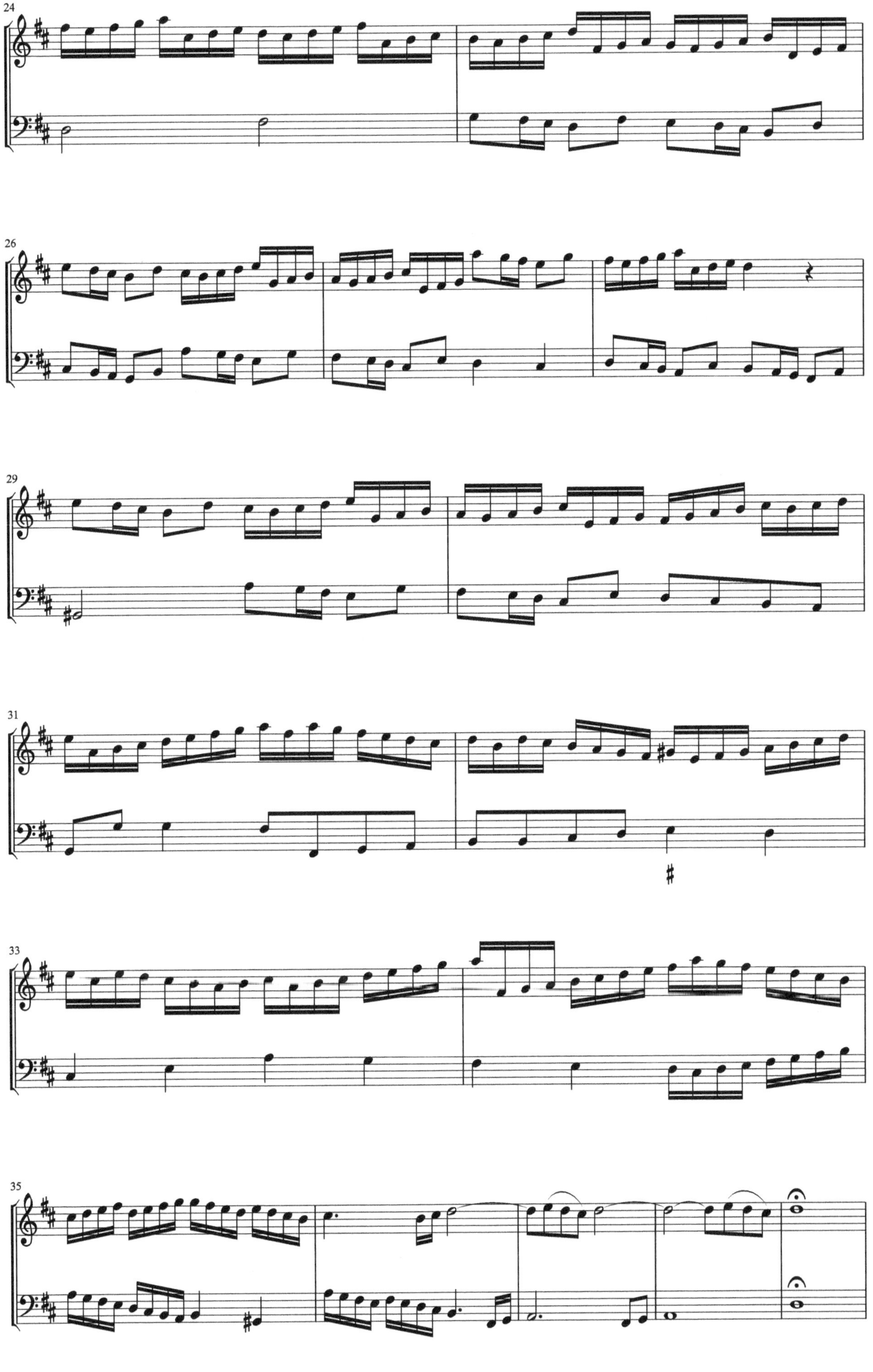
24
26
29
31
33
35

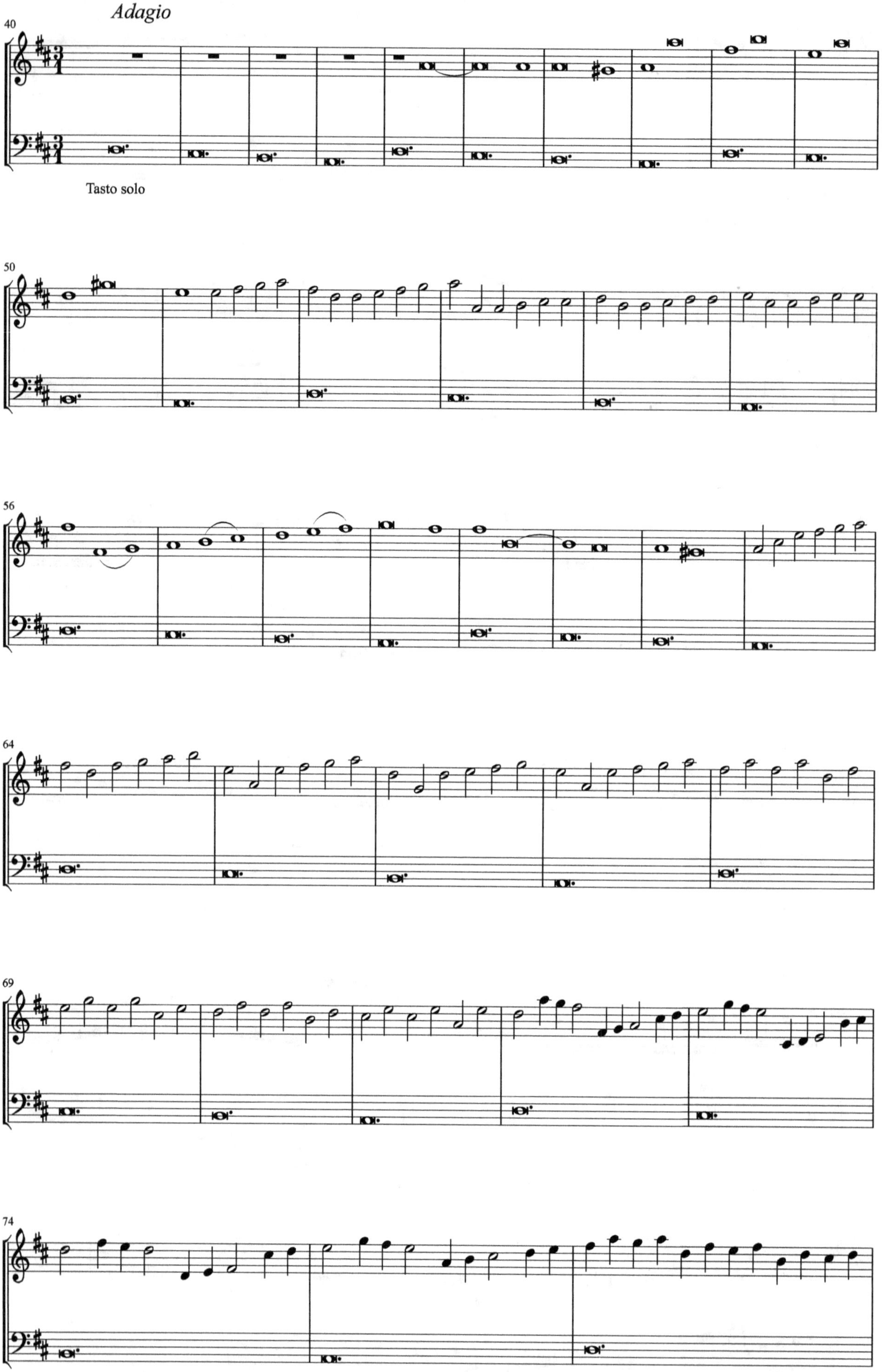
Adagio
40
Tasto solo
50
56
64
69
74

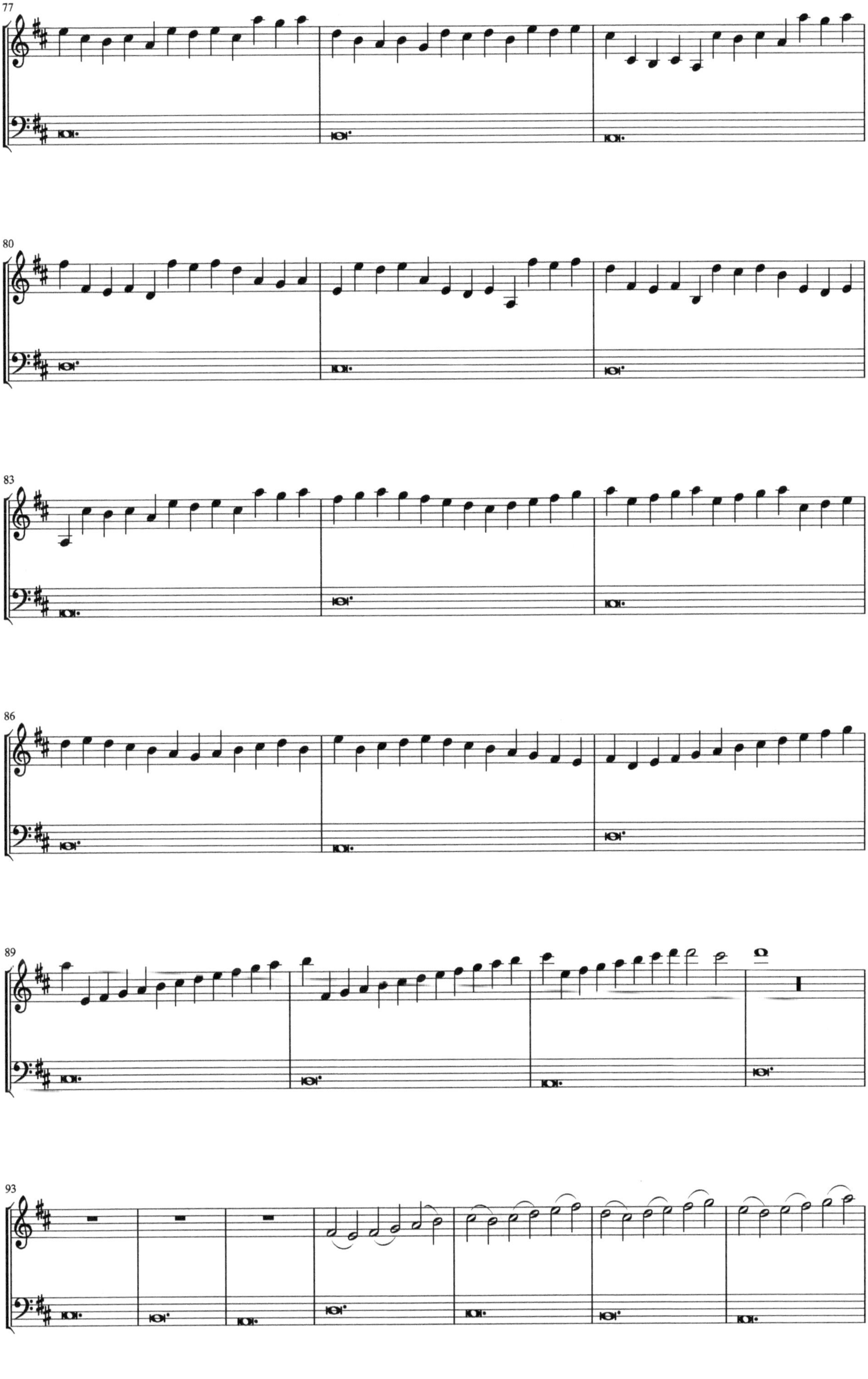
77
80
83
86
89
93

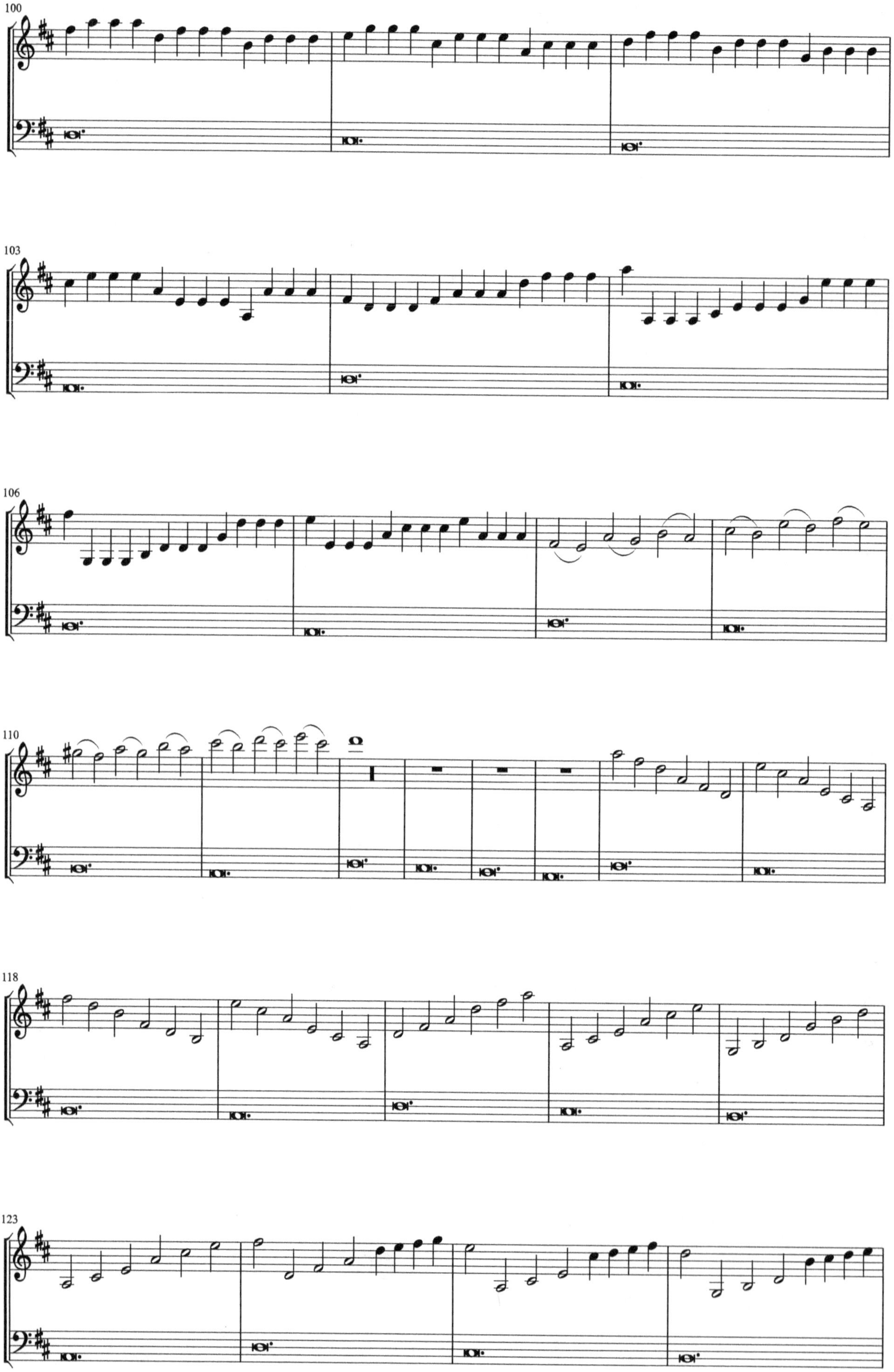
100
103
106
110
118
123

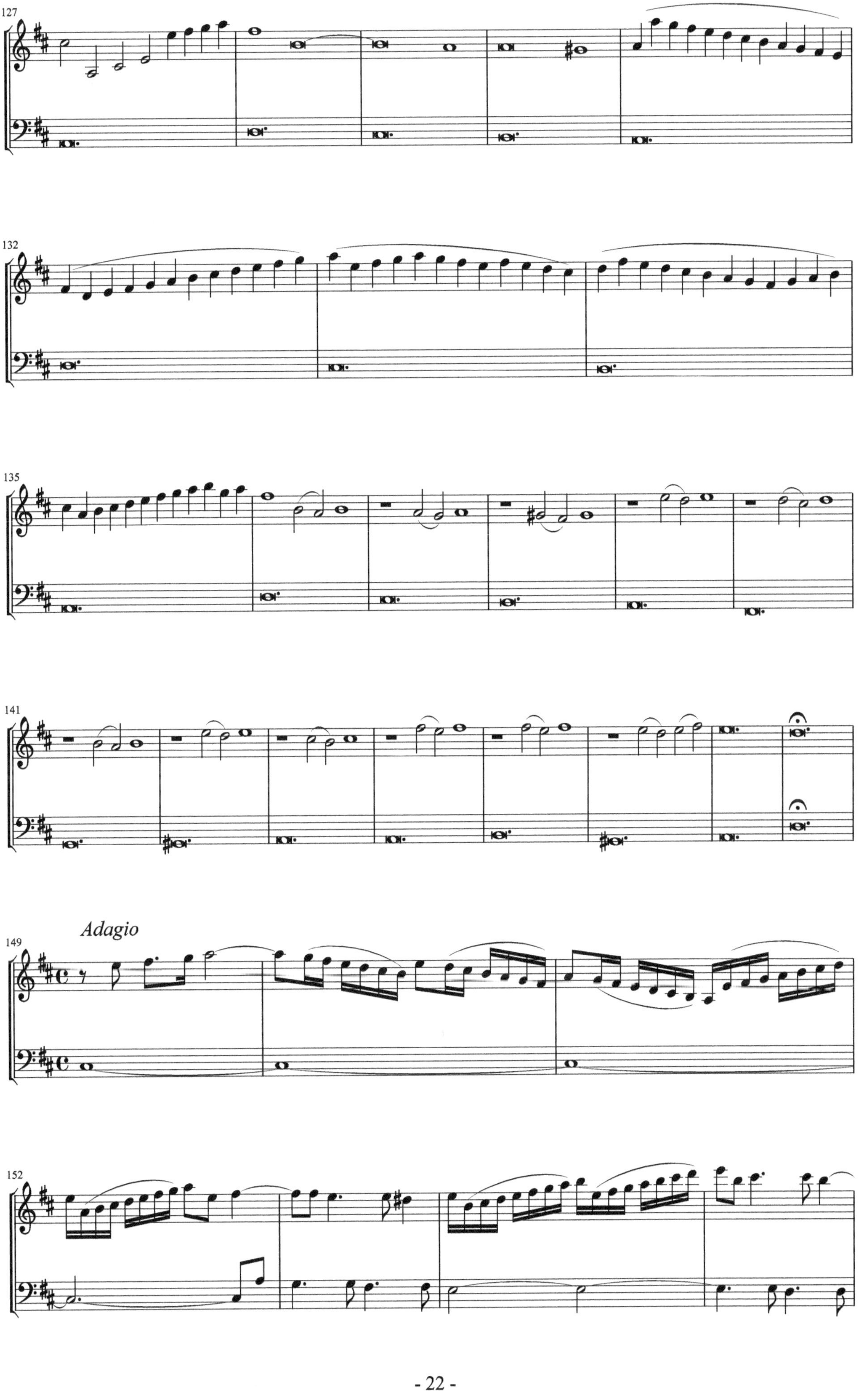
Adagio

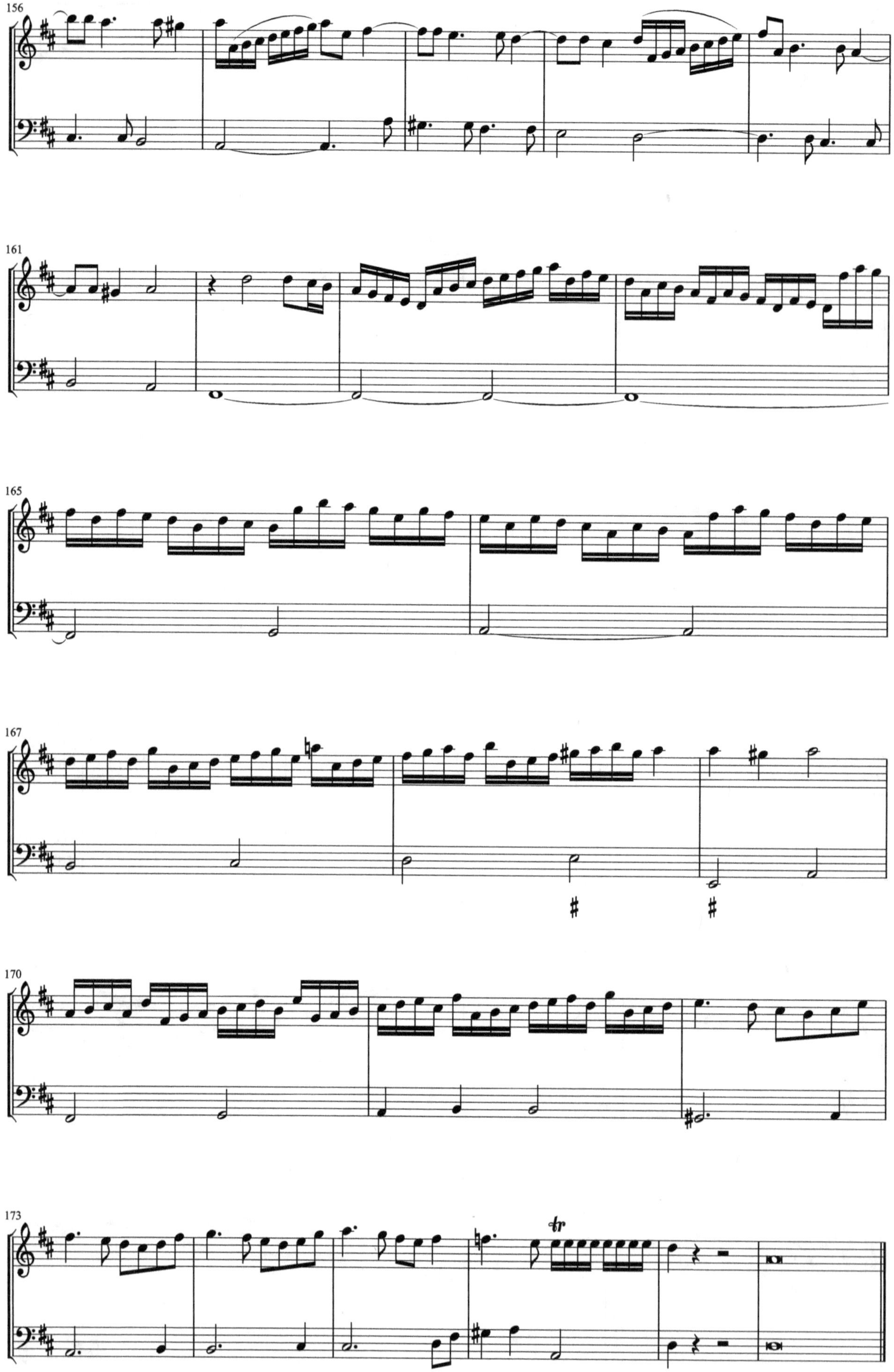
156
161
165
167
170
173
tr

Sonata Quinta
La Clemente

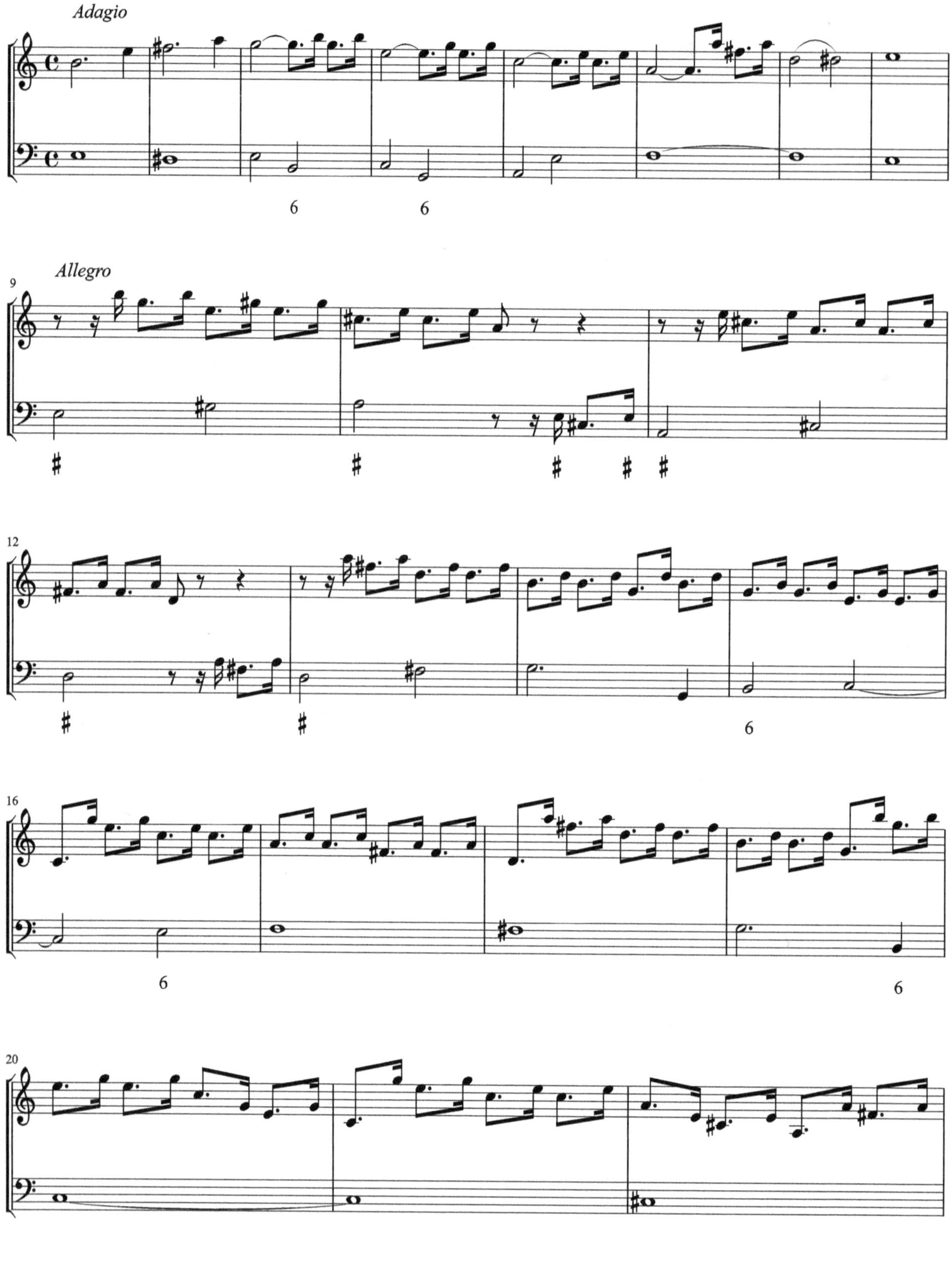

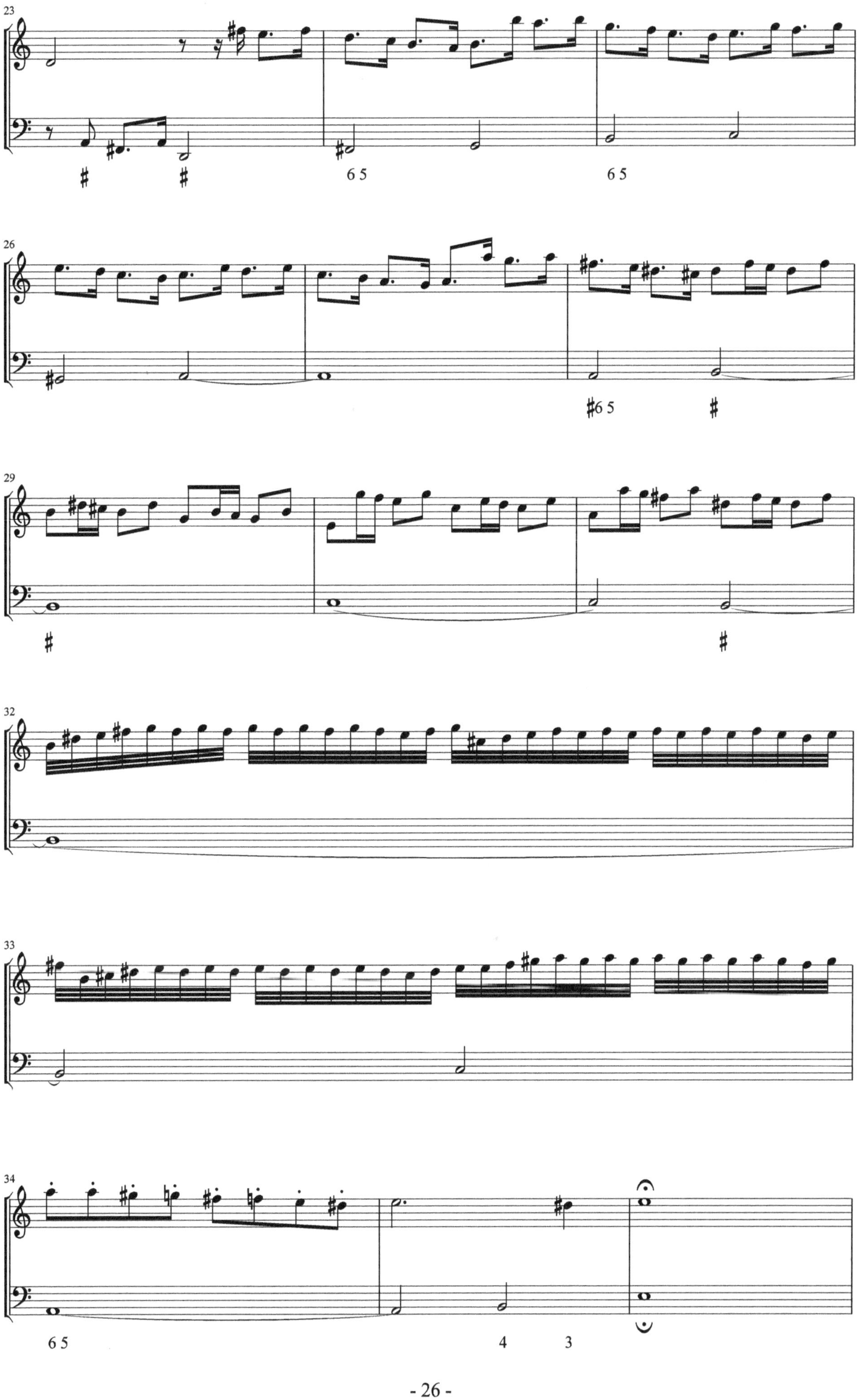

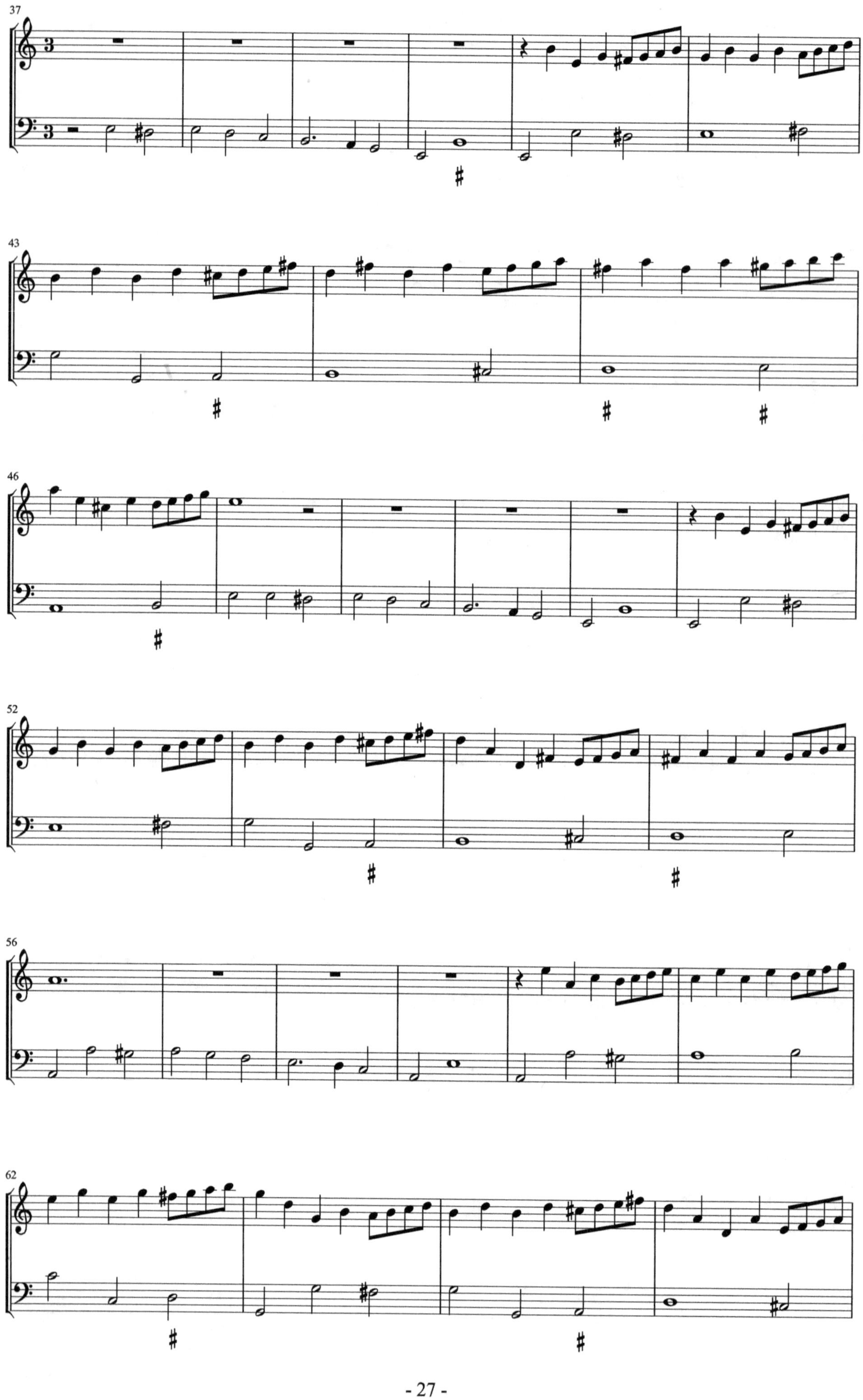
37
43
46
52
56
62

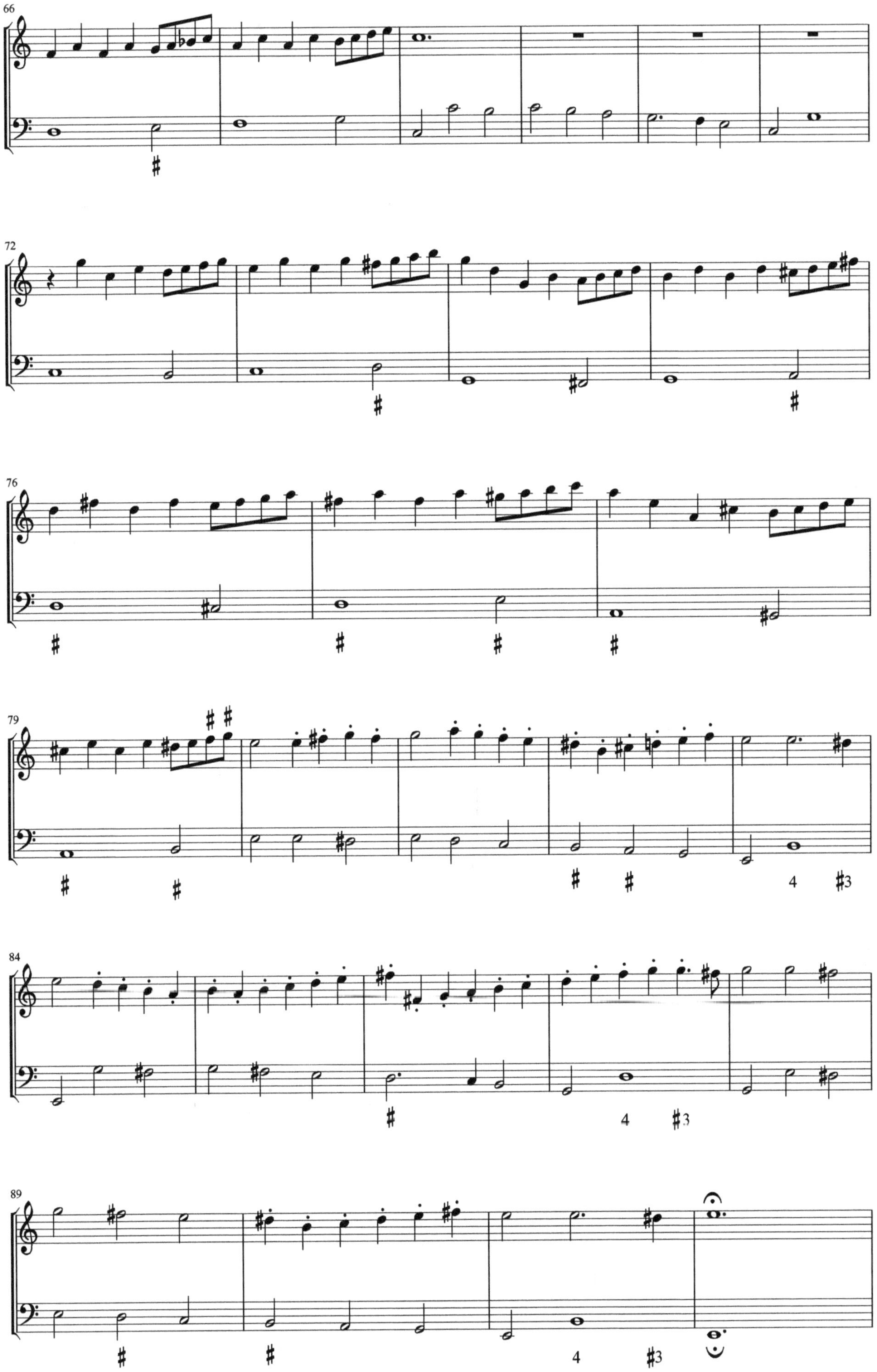

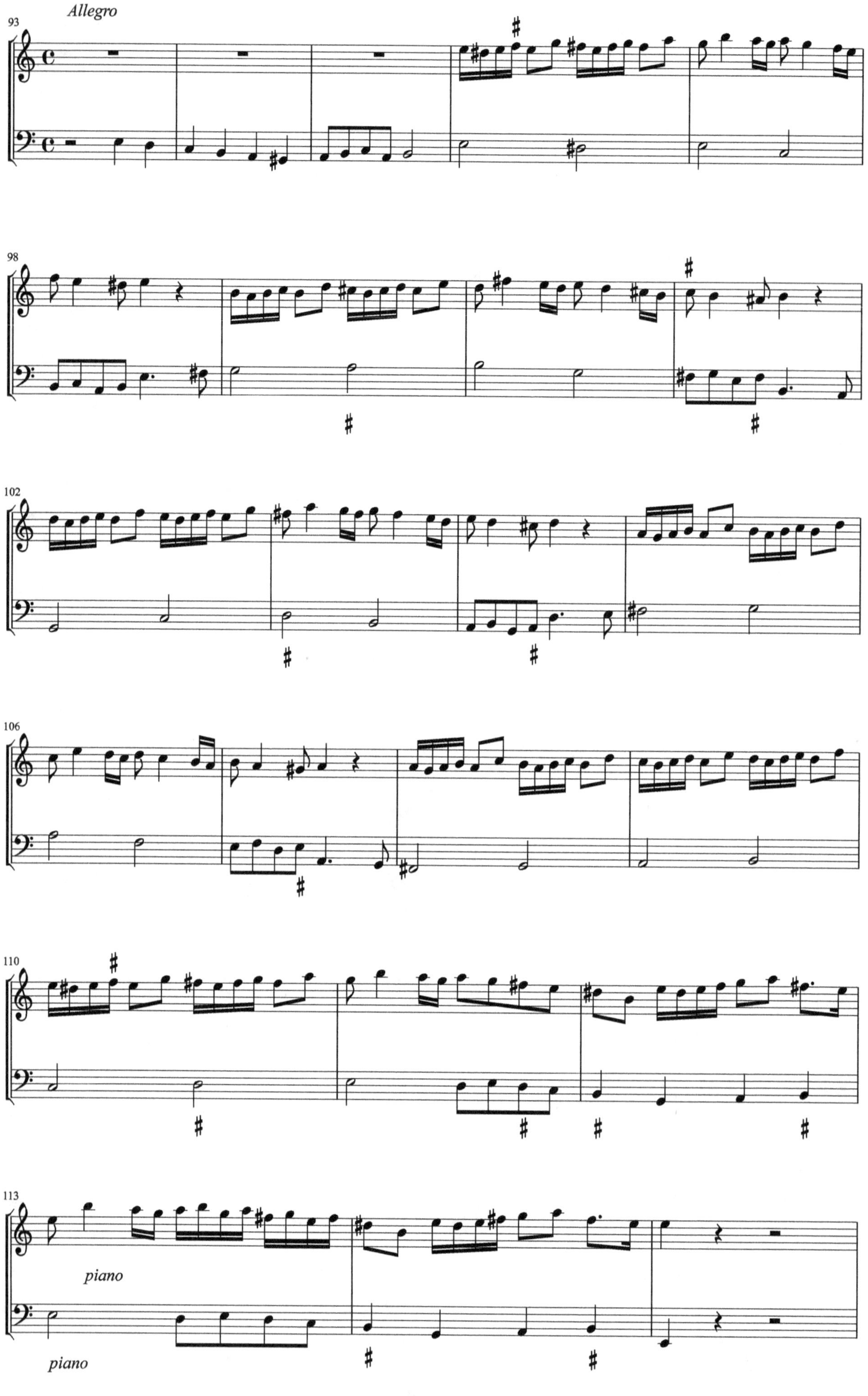
93
Allegro
98
102
106
110
113
piano
piano

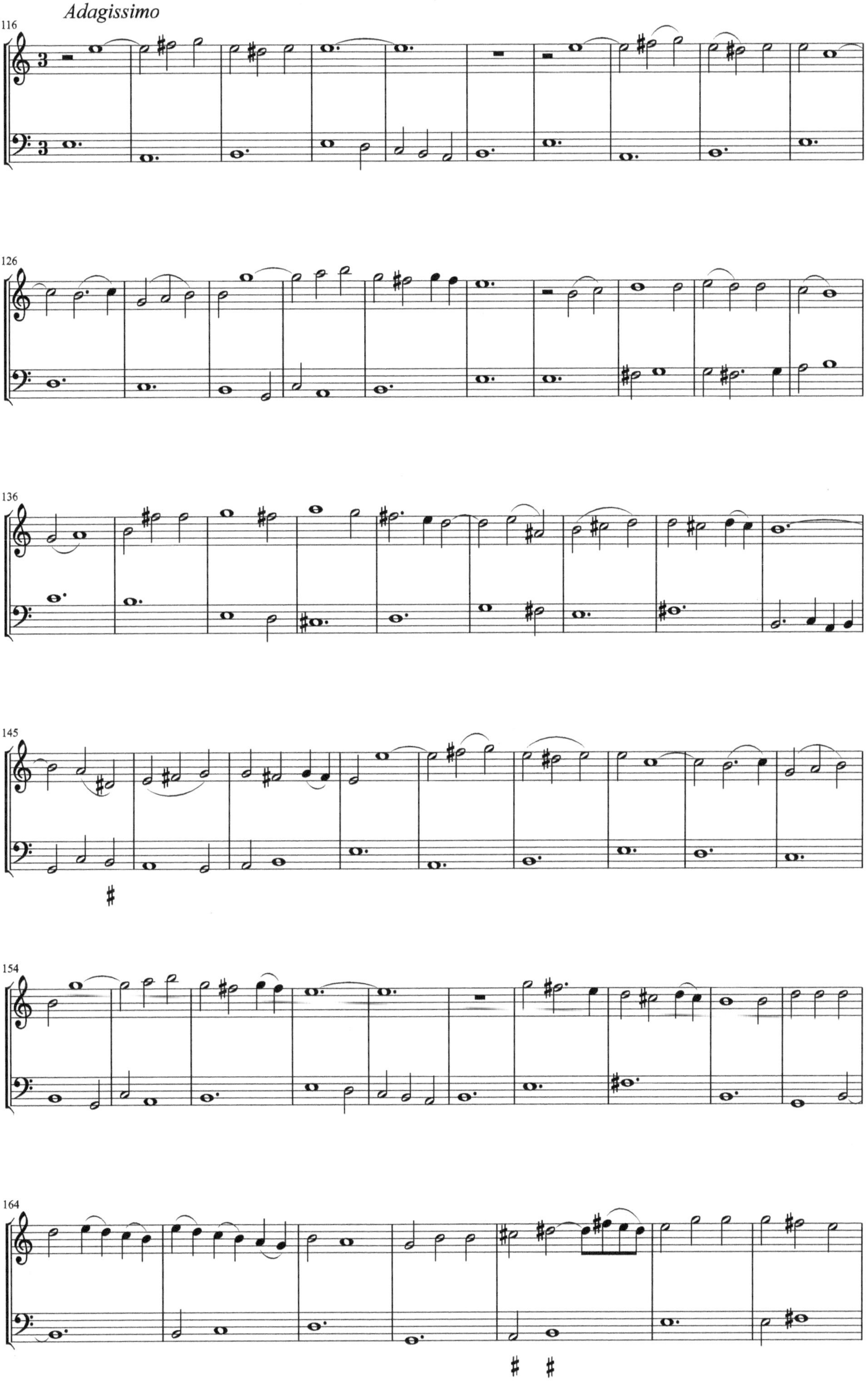
Adagissimo
116
126
136
145
154
164

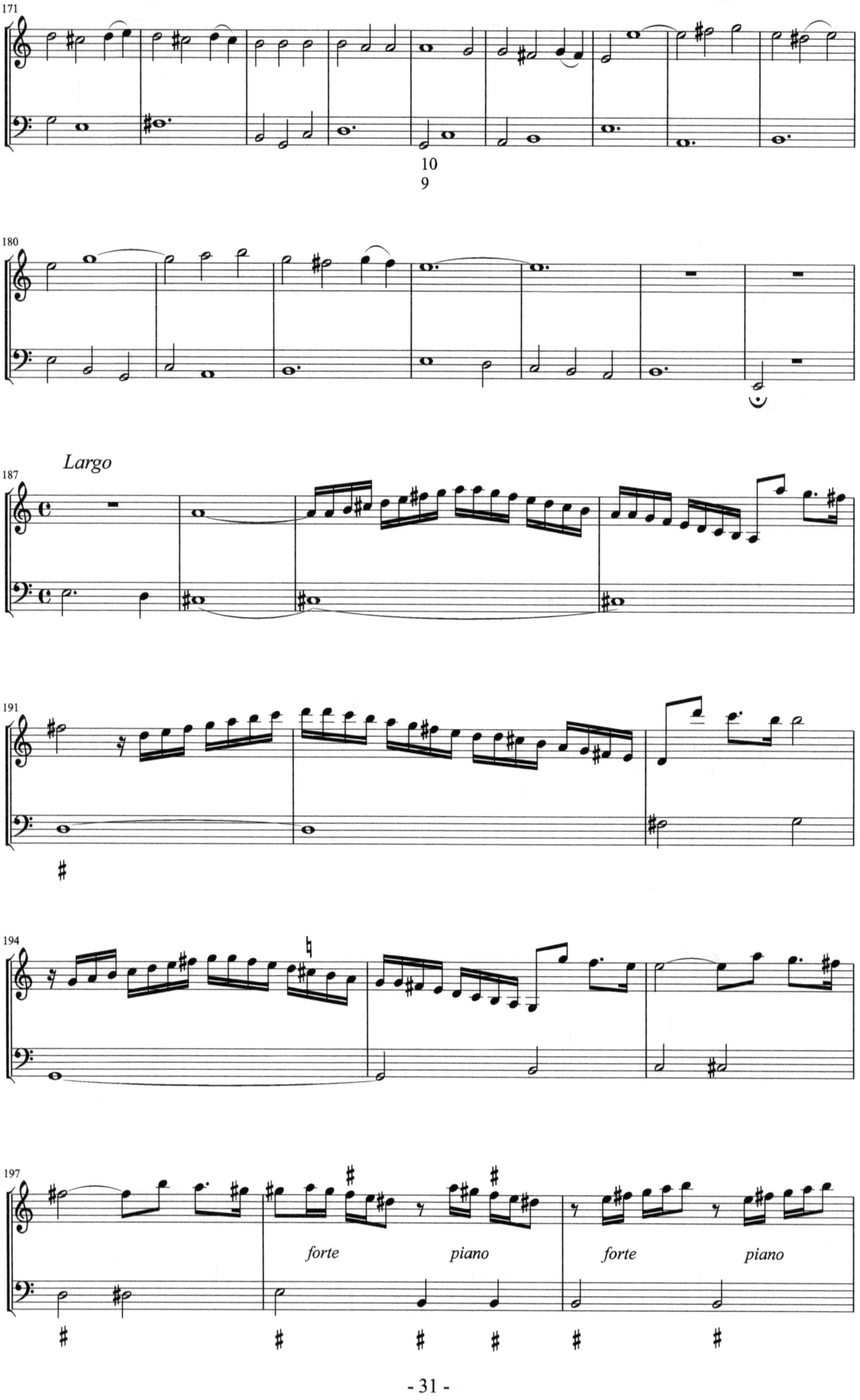
171
10
9
180
Largo
187
191
194
197
forte
piano
forte
piano

200
forte
piano
forte
piano
forte
piano
203
205
209
212
213
piano
6 5
4
3

Sonata Sesta
La Sabbatina

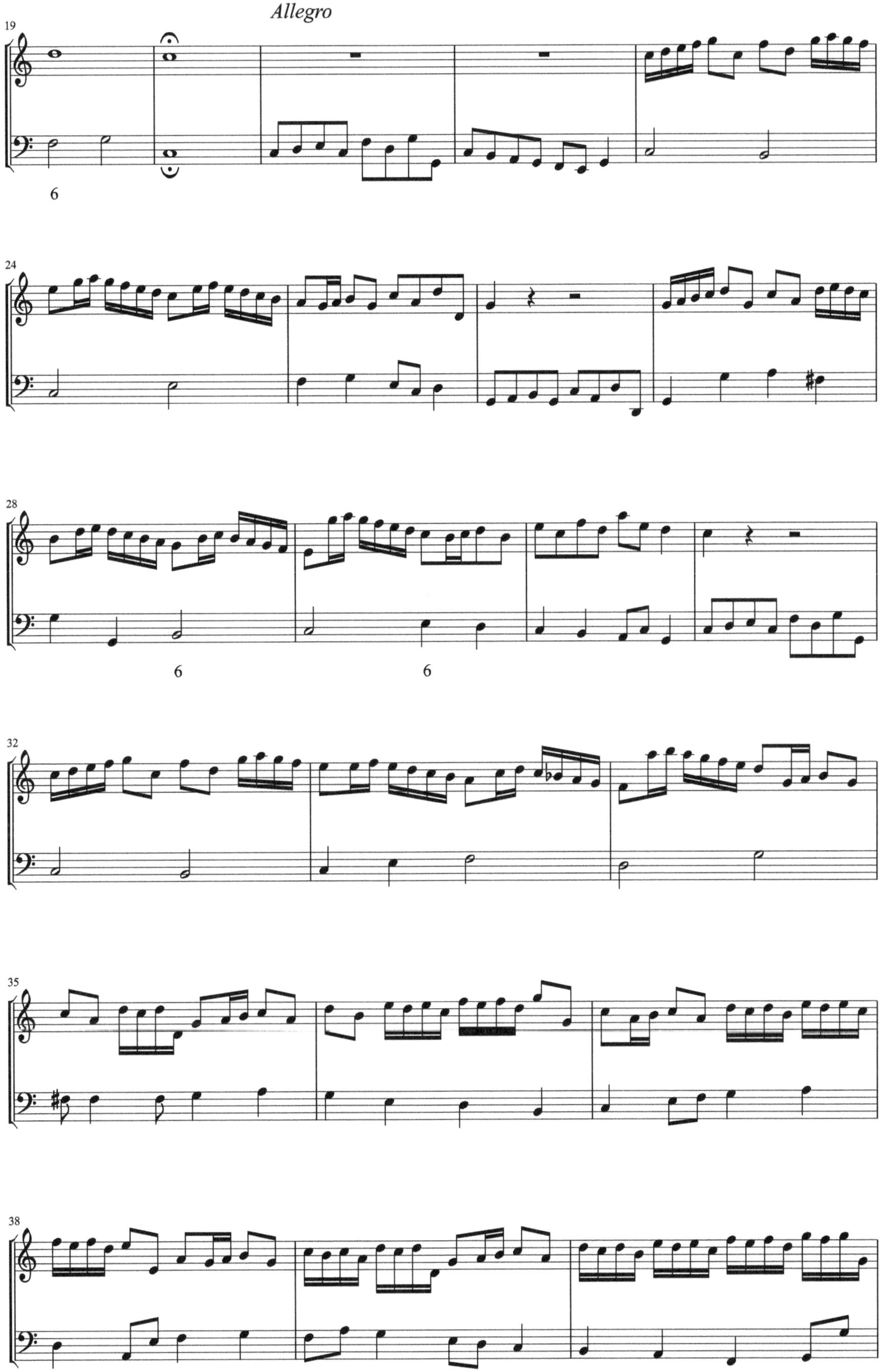
Allegro
19
6
24
28
6
6
32
35
38

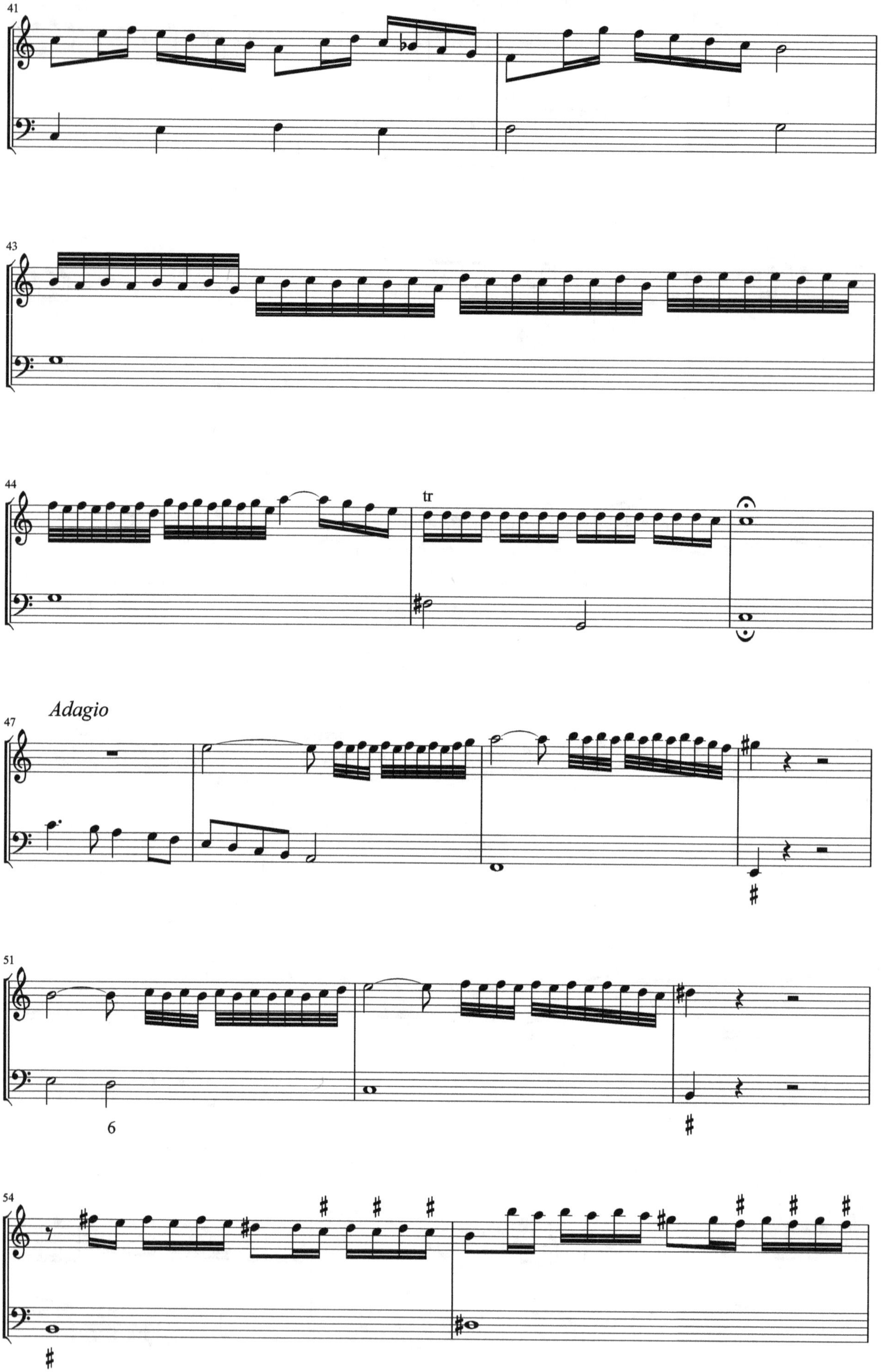
41
43
44
tr
Adagio
47
51
6
54

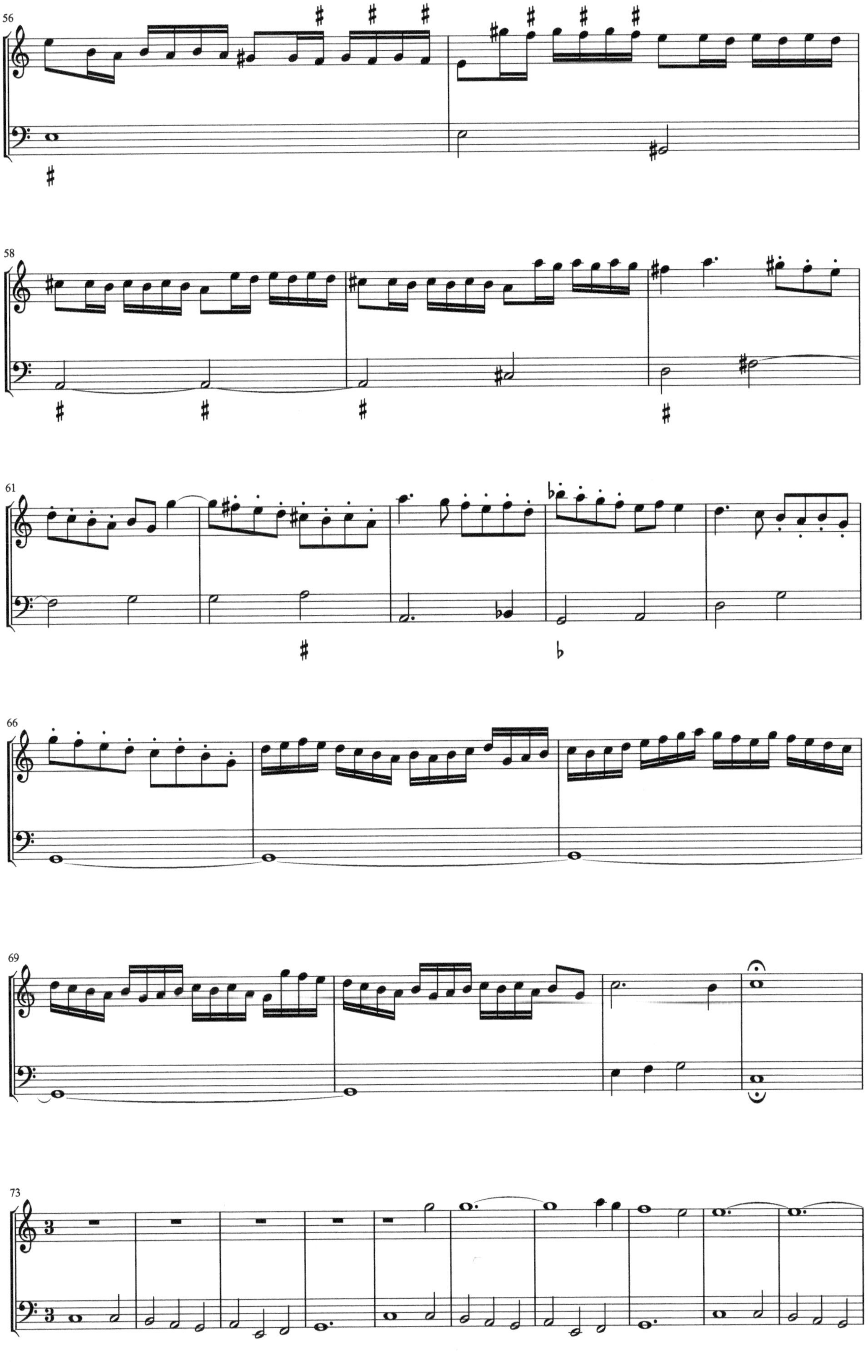
56
58
61
66
69
73

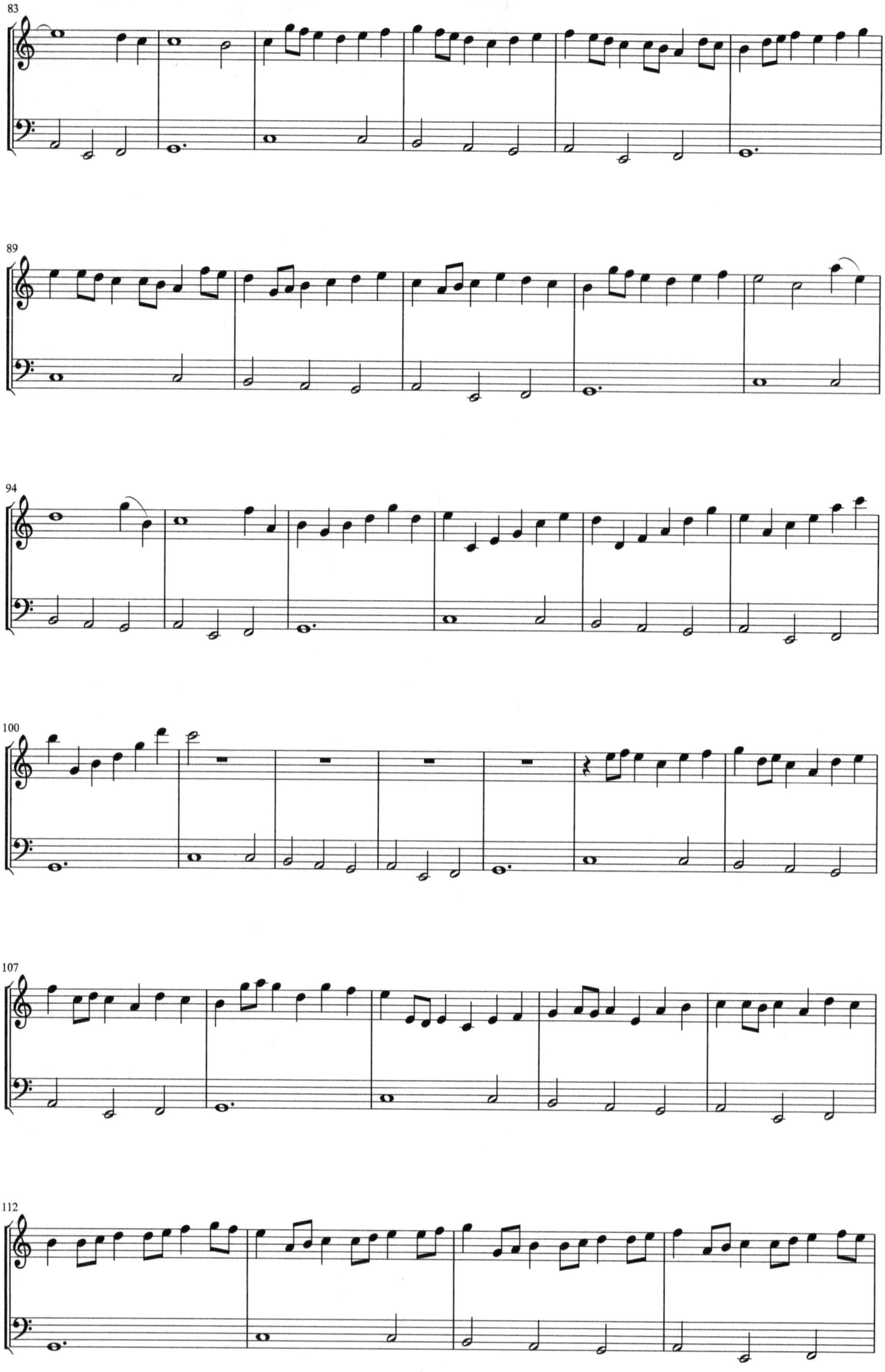
83
89
94
100
107
112

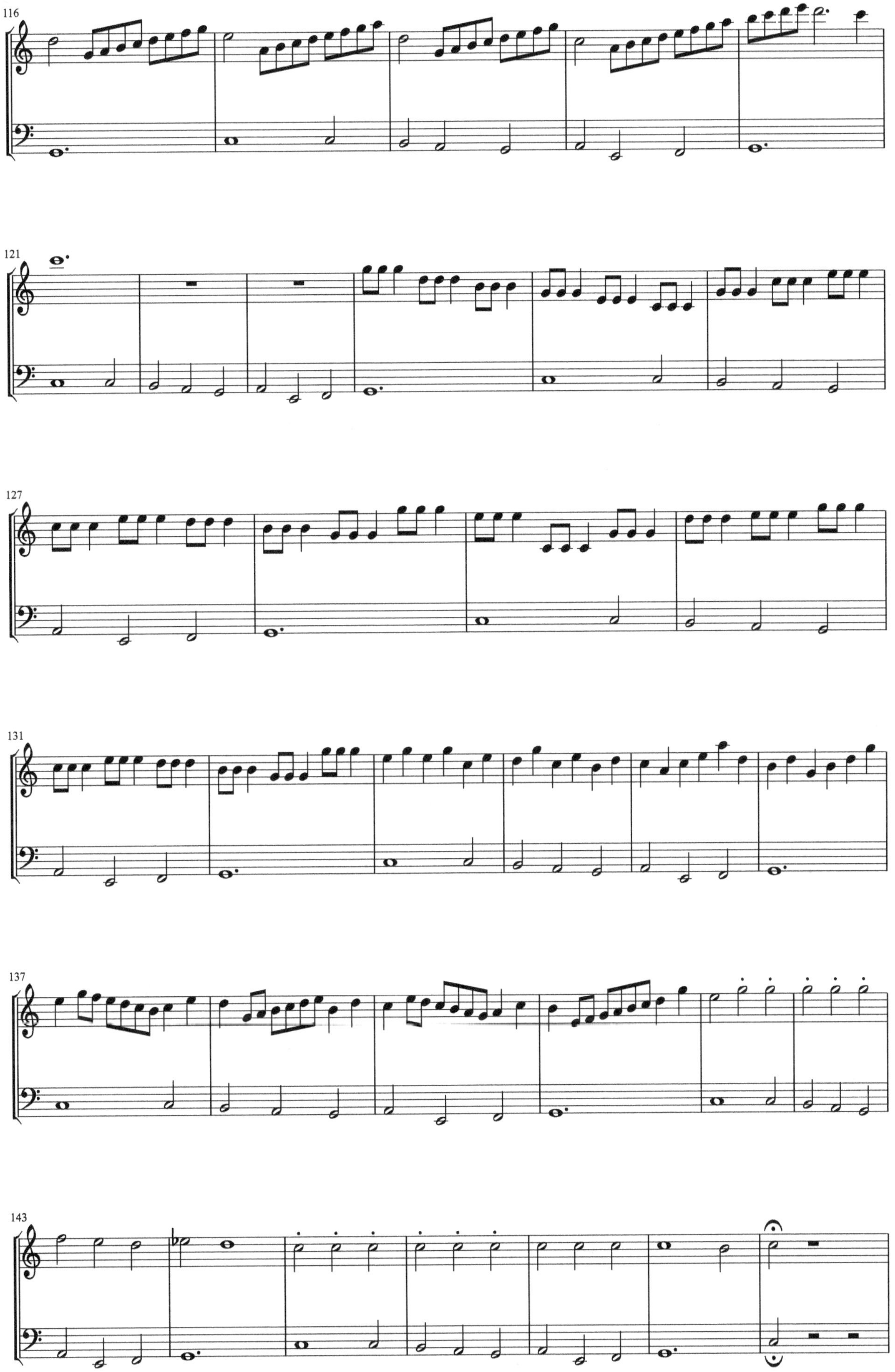
116
121
127
131
137
143

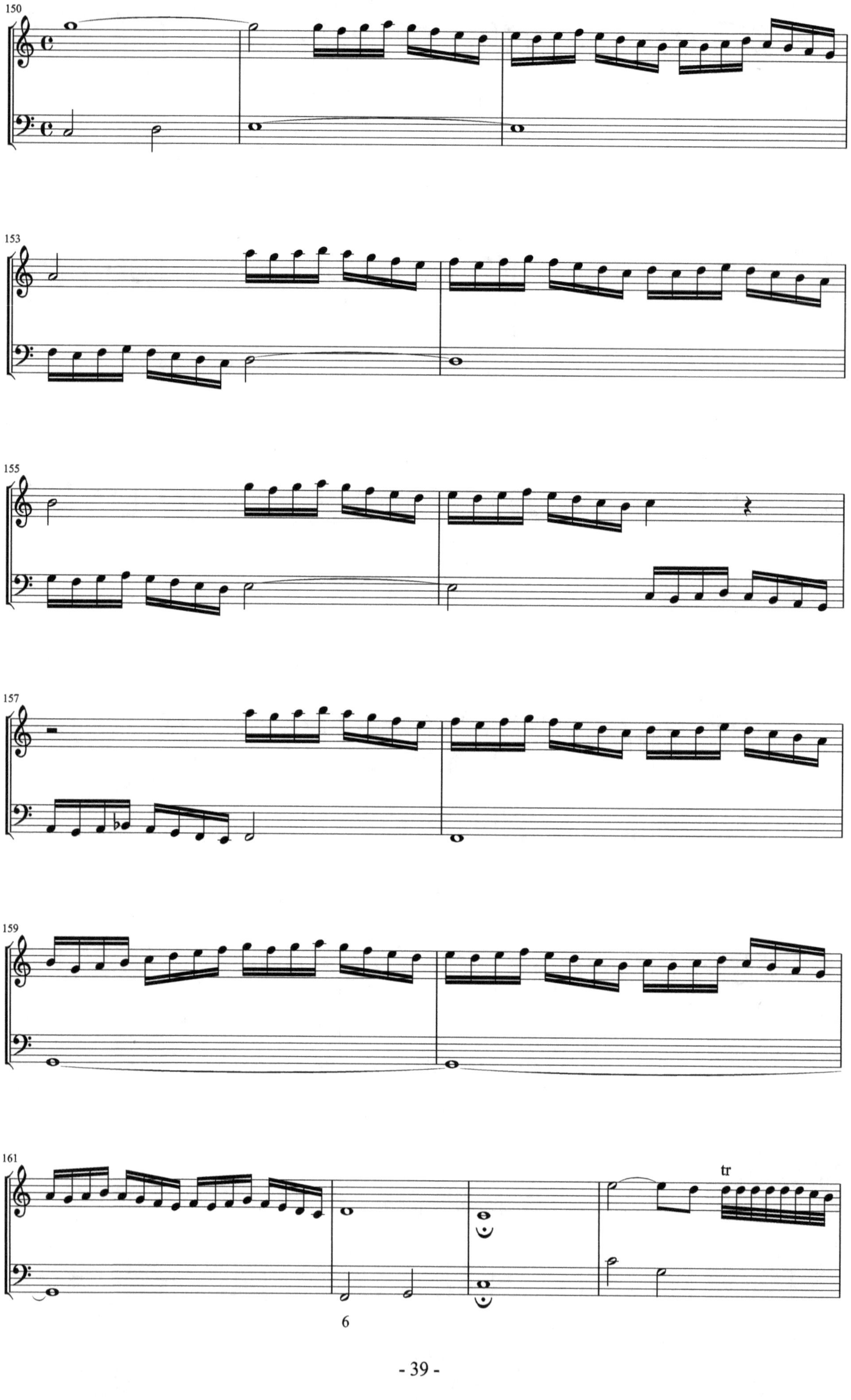
150
153
155
157
159
161
tr
6

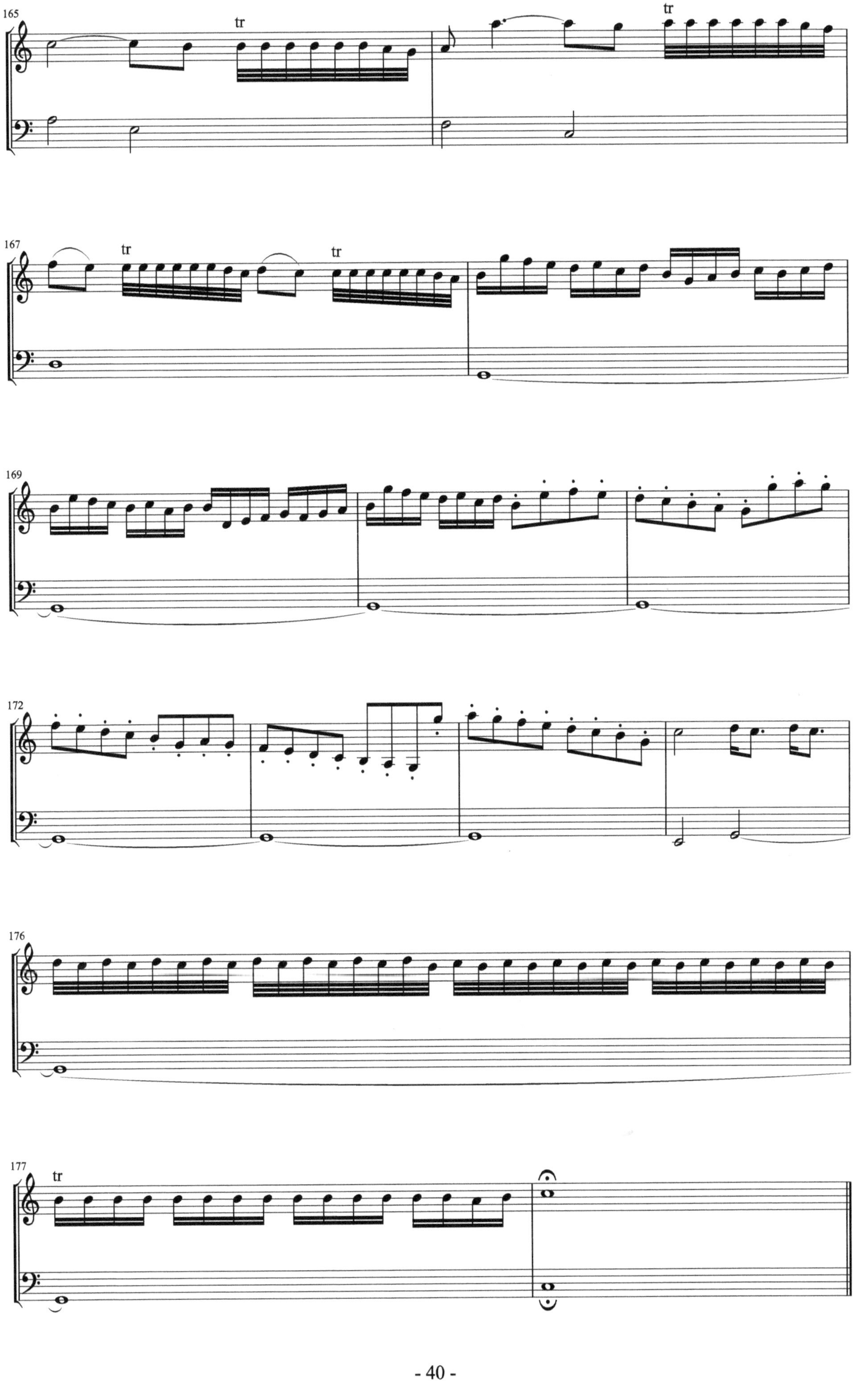
165
tr
tr
167
tr
tr
169
172
176
177
tr

SONATE OPERA QUARTA

S O N A T E

à violino solo,

PER CHIESA E CAMERA.

DI

D. GIO. ANTONIO PAN.

DOLFI MEALLI MUSICO

DEL SERENISSIMO

FERDINANDO CARLO

ARCIDUCA D'AUSTRIA, &c.

Consacrate

All'Altezza del Serenissimo Arciduca

S I G I S M O N D O

FRANCESCO

D'AUSTRIA, ETC

Opera Quarta

ANNO   M.DC.LX

INSPRUCH.
Appresso MICHELE WAGNER.

SERENISSIMA ALTEZZA

E' Più che fervido in mè il riverente desiderio di far visibile a V. A. il mio ossequio; Ma non havendo altra eloquenza, che quella che esprimono questi muti caratteri; in vece   dello stile, uso regole di Plettro; dedicando a V. A. nelle perioda di queste àrmoniche Linee, compassato un silentio che Suona. Et allora persuaderommi d'haver ben misurate le dette Linee quando esse passando per la circonferenza della generosa humanità di V. A. toccheranno il centro del mio intento, rendendomi degno della Clementissima Sua grazia. Conchè a A.V. profondissimo m'inchino.

di V.A.SERENIS.^{ma}

Humilissimo, devotissimo & ossequisissimo Servitore

Gio. Antonio Pandolfi Mealli.

Sonata Prima
La Bernabea
Al molto Illustre & molto Reverendo Sig. D. Joseffo Bernabei mio Signore singularissimo

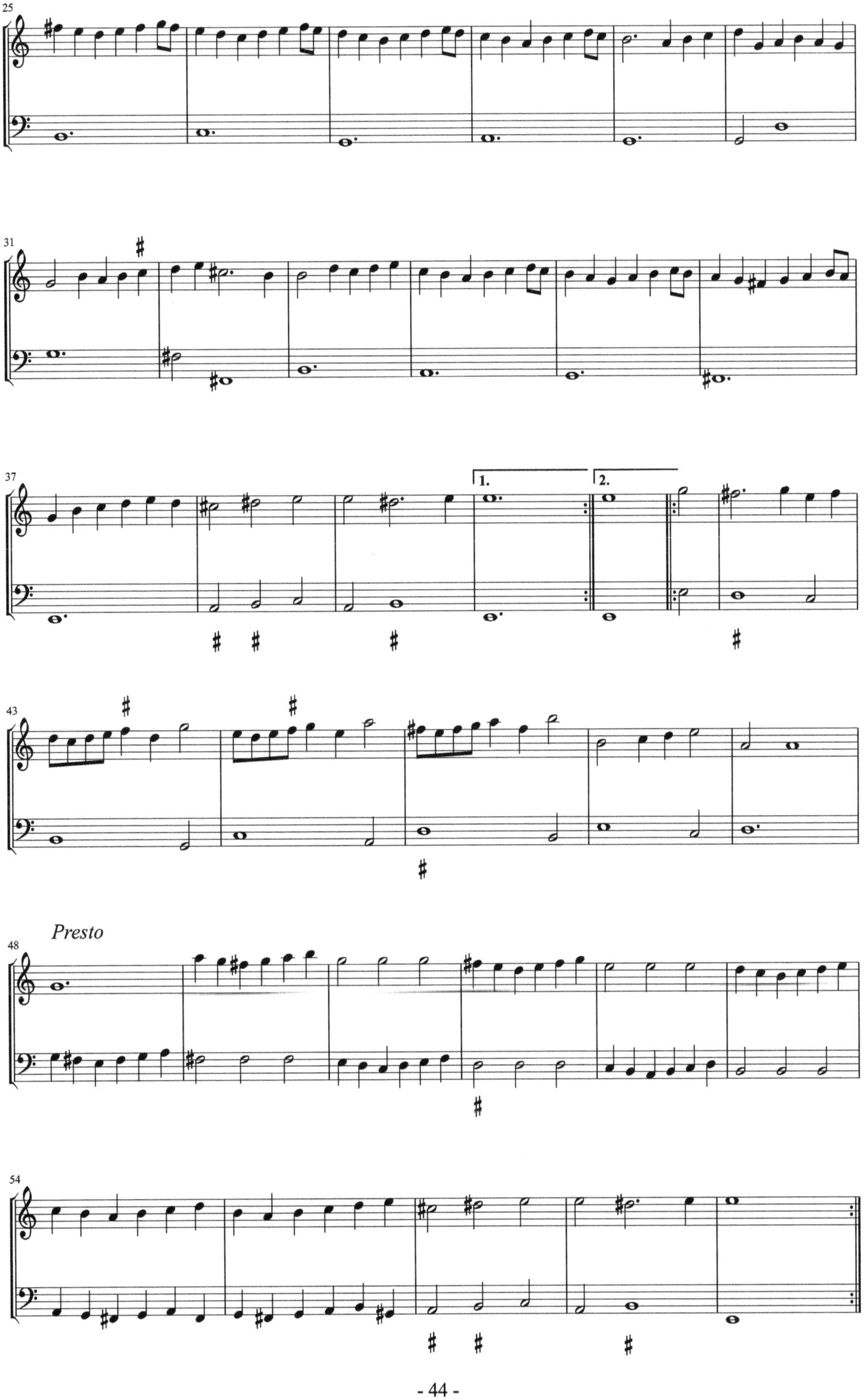
1.
2.
Presto

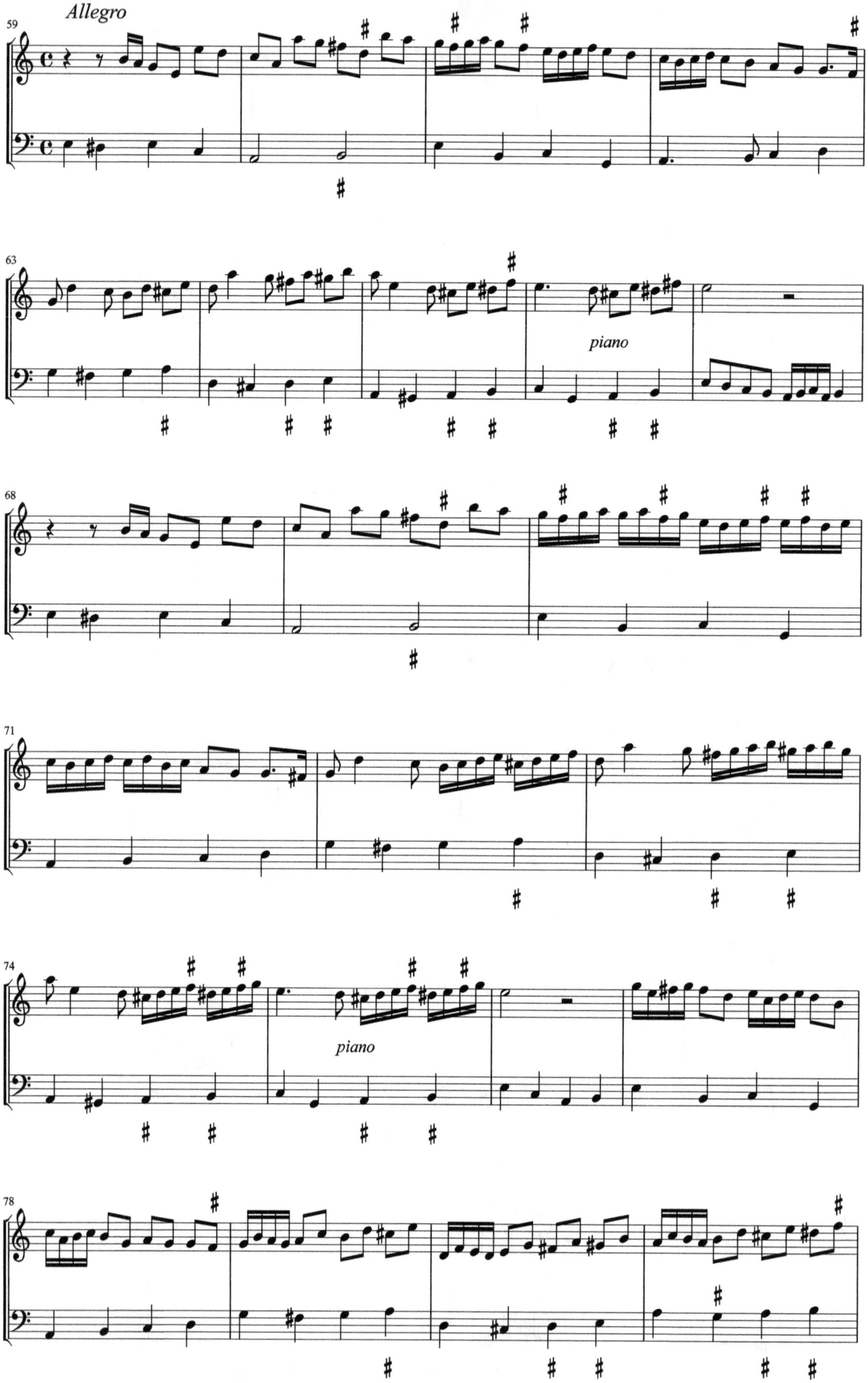
Allegro
59
63
piano
68
71
74
piano
78

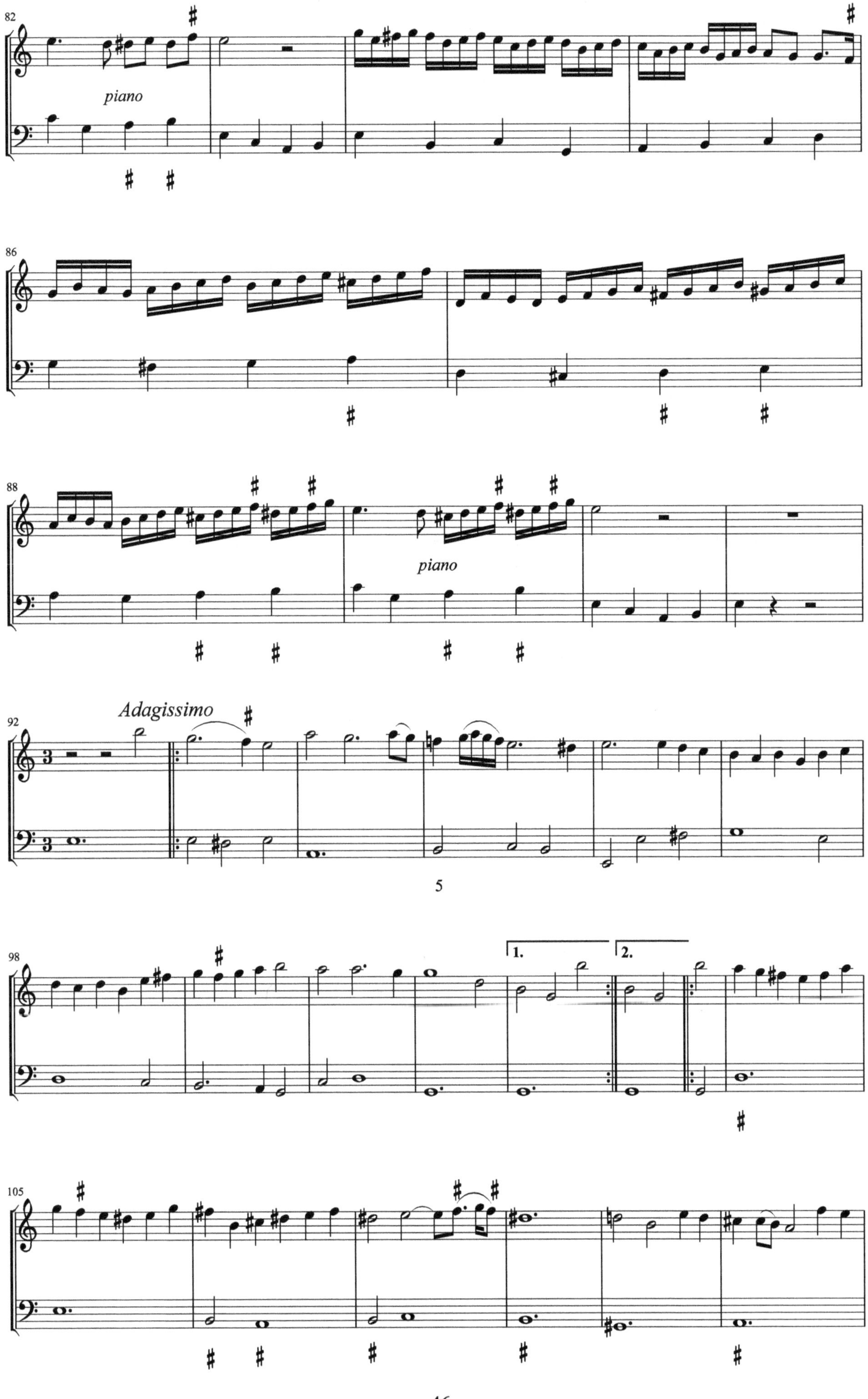
piano
piano
Adagissimo
1.
2.

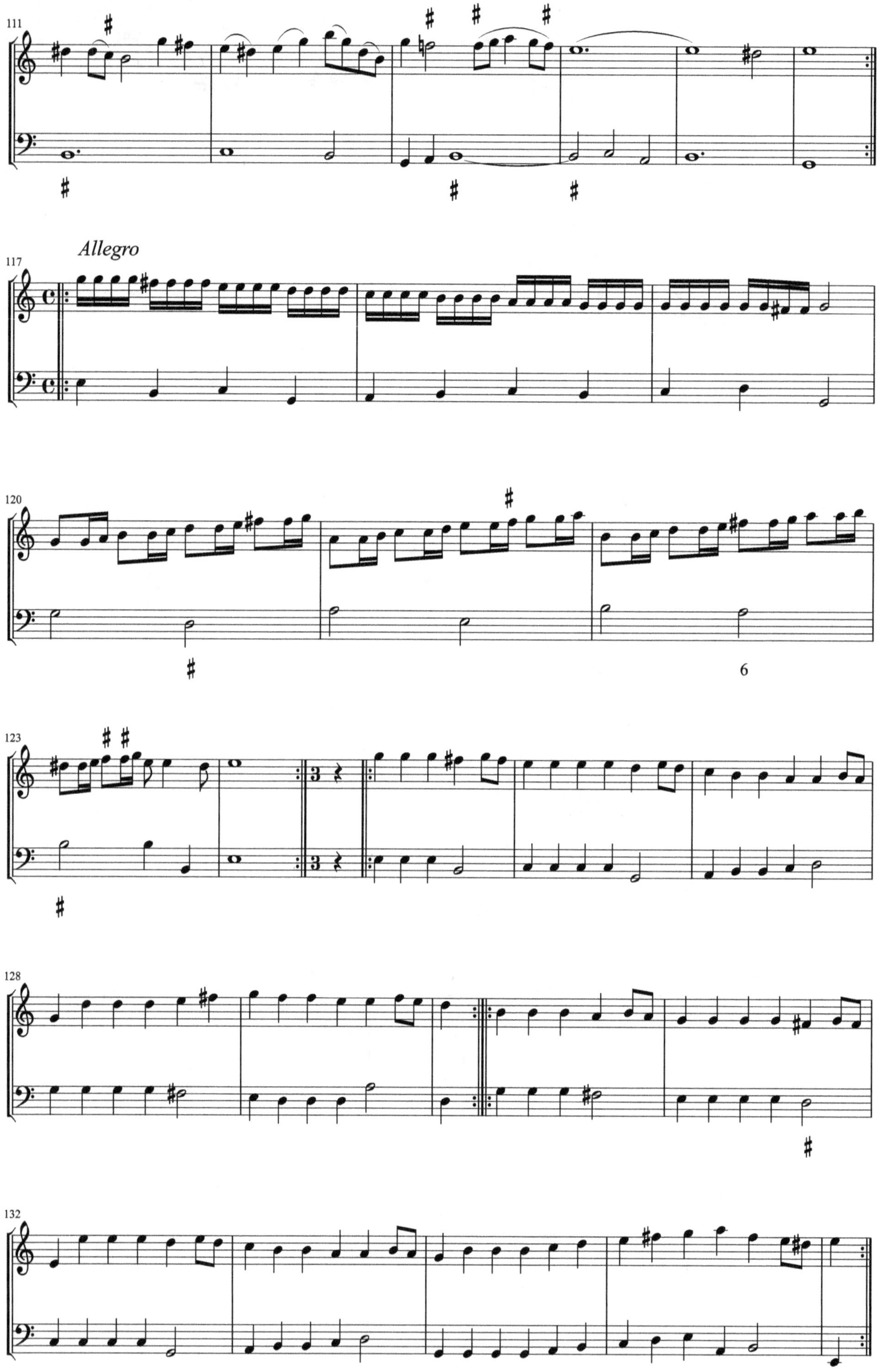
Allegro

Sonata Seconda
La Viviana
Al molto Illustre & Reverendissimo Sig. Abbate Antonio Viviani mio Signore singularissimo

10
forte
piano
forte
piano
12
forte
piano
forte
piano
forte
piano
15
18
5 6 5 6
21
5 6 5 6 5 6 5 6 5 6
24
5 6 5 6 7 6

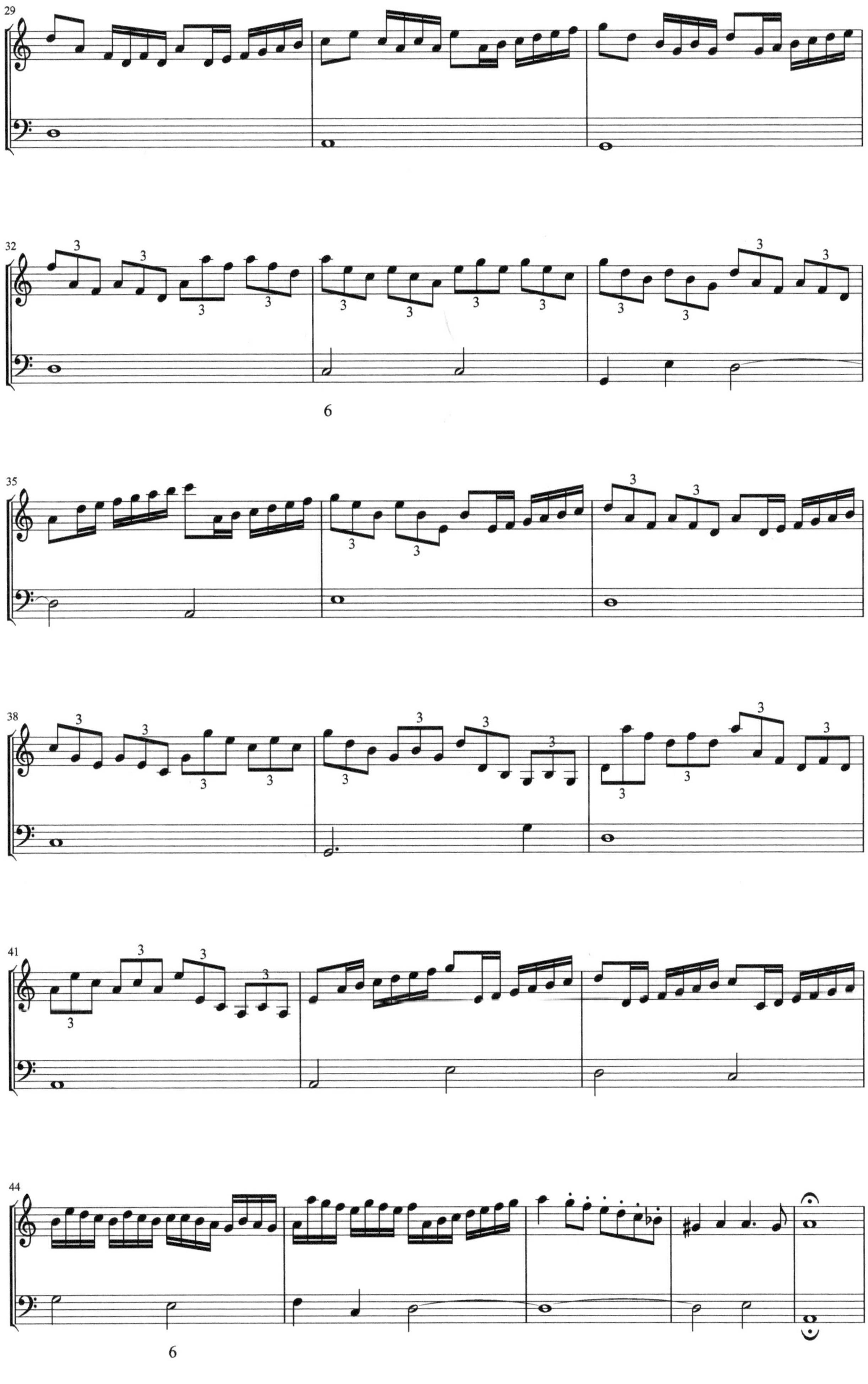
29
32
6
35
38
41
44
6

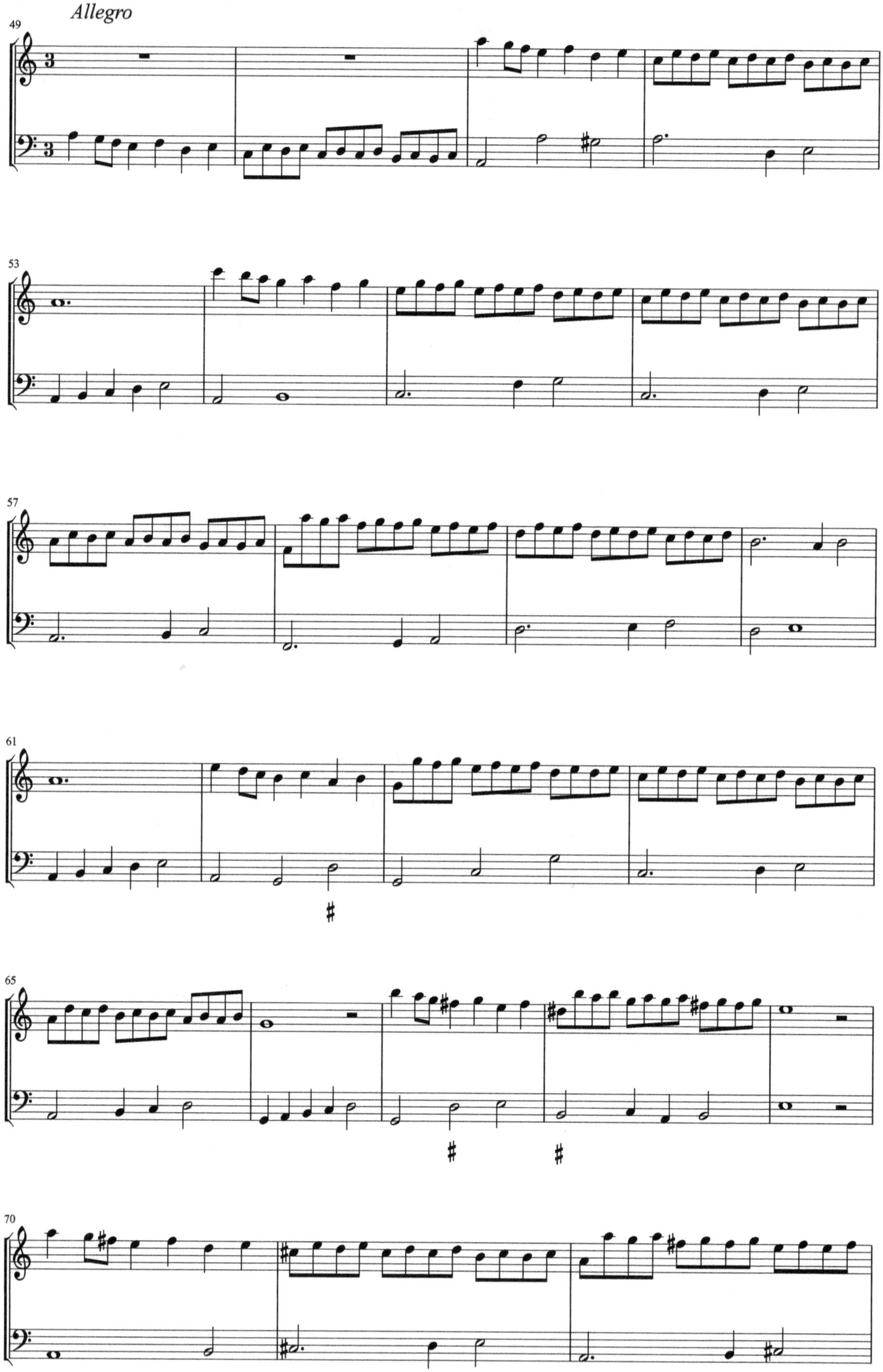
Allegro

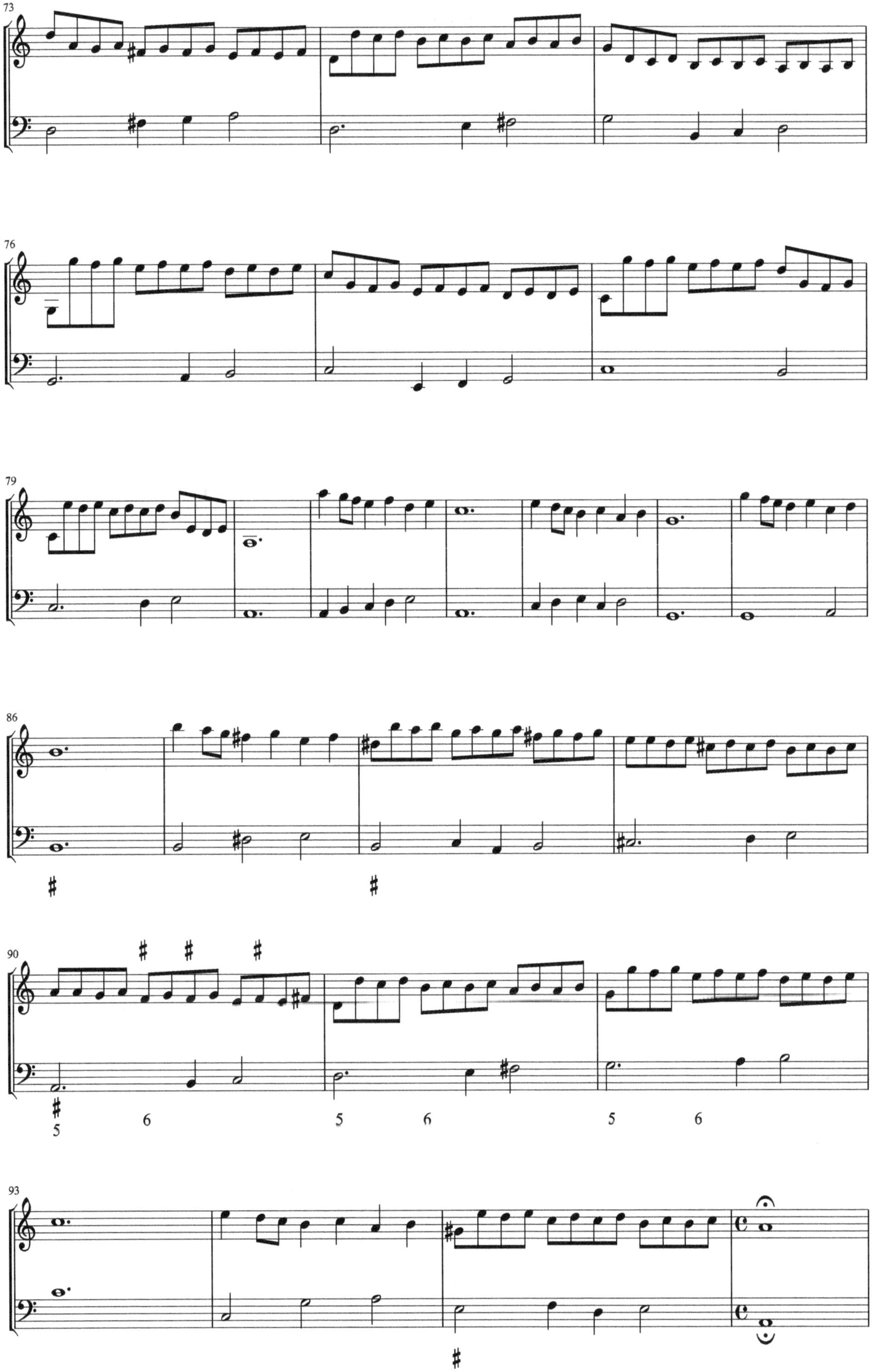
73
76
79
86
90
93
6 5 6 5 6

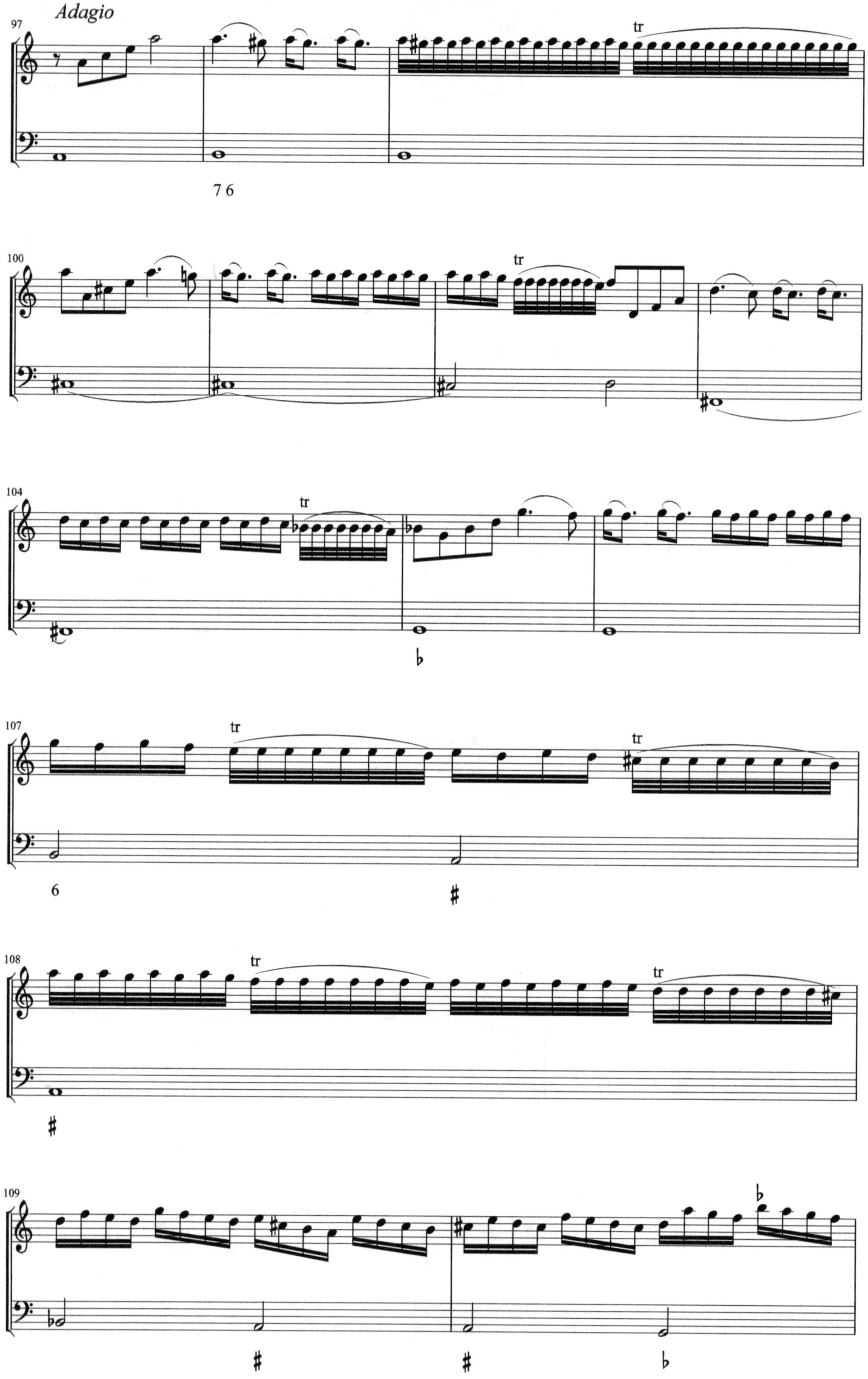
Adagio
97
tr
7 6
100
tr
104
tr
107
tr
tr
6
108
tr
tr
109

Sonata Terza

La Monella Romanesca

Al Signor Filippo Bombaglia, Musico del Altezza Serenissima di Inspruch,
e mio Signore singularissimo

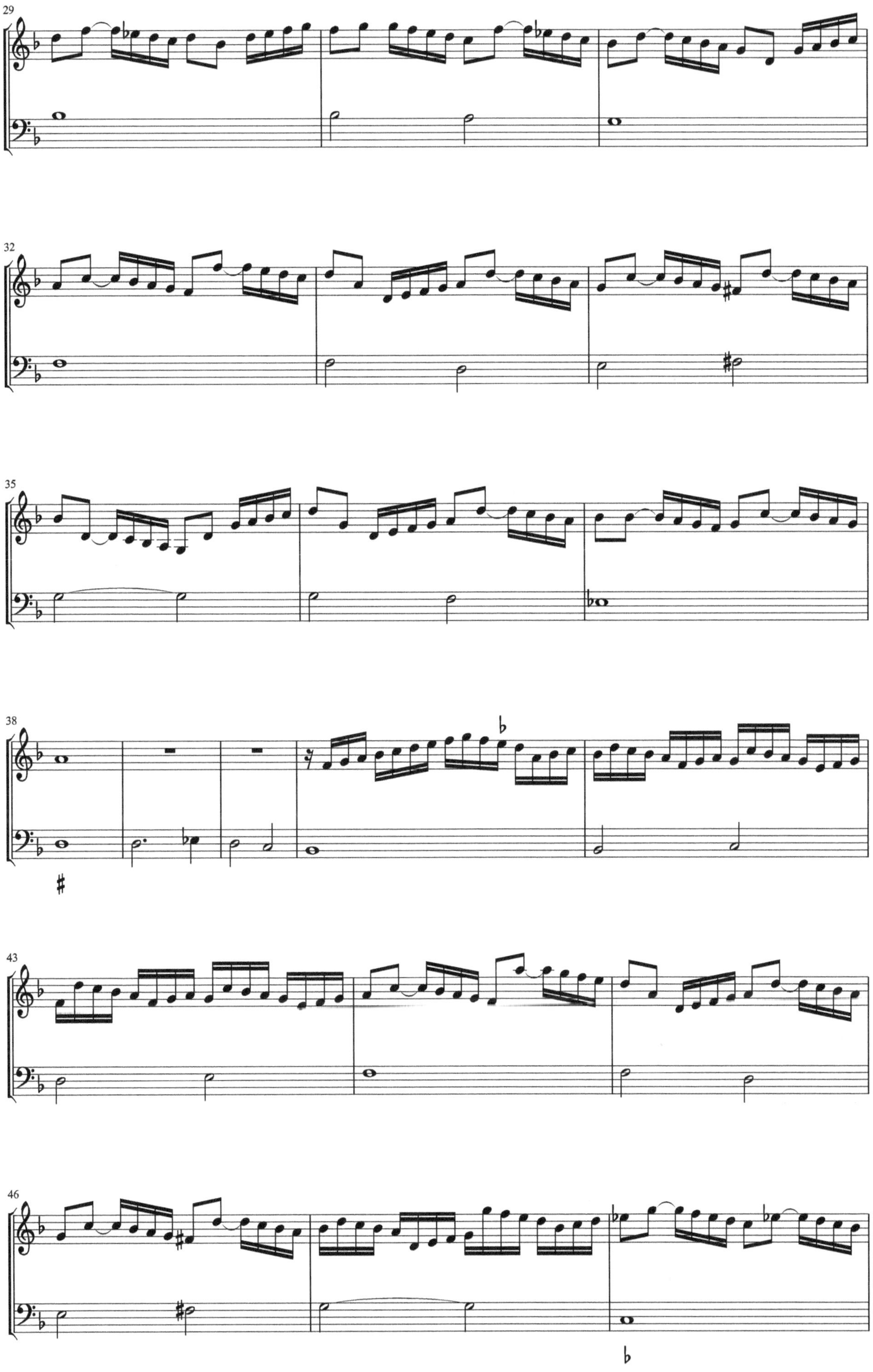
29
32
35
38
43
46

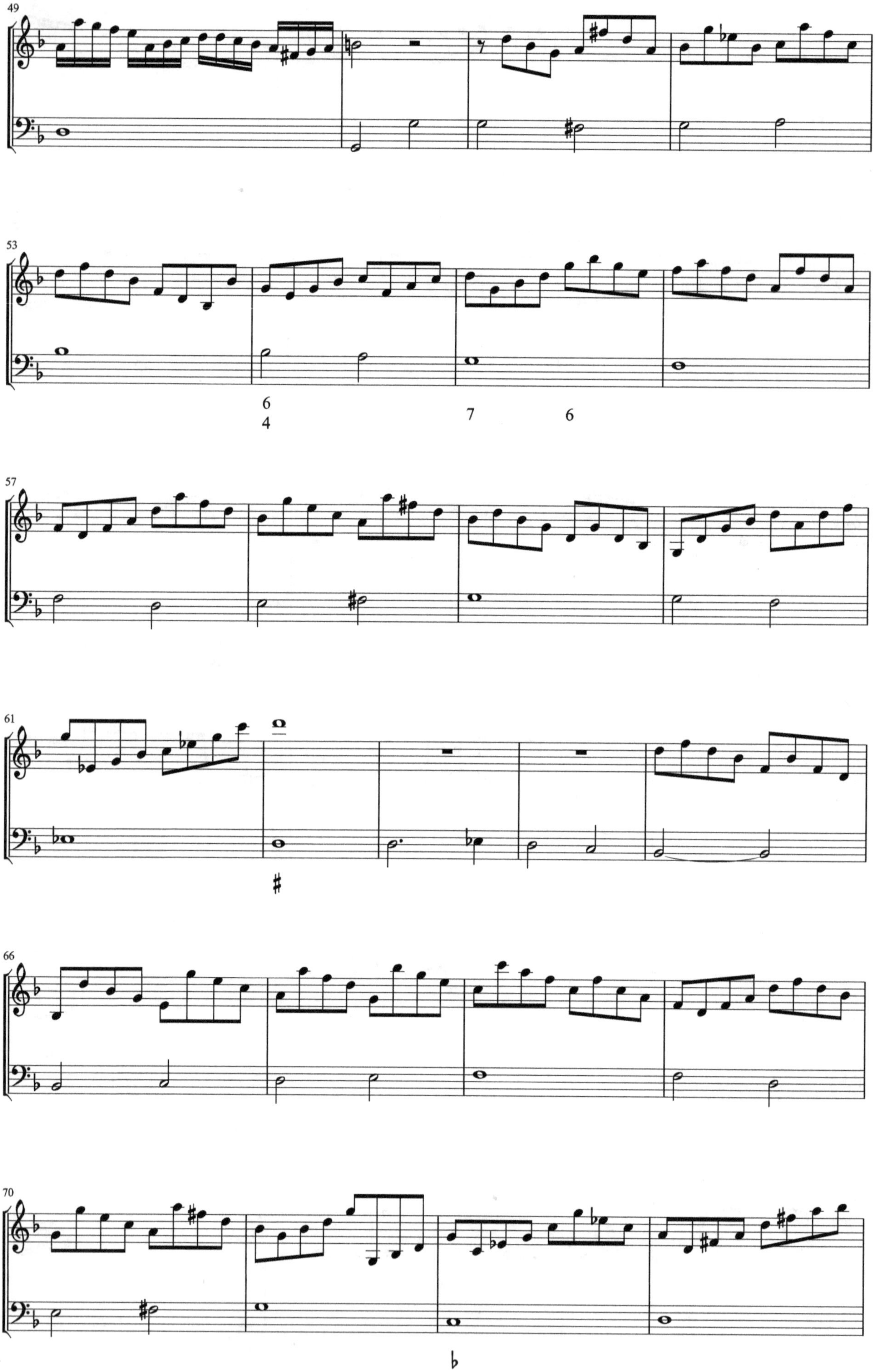
49
53
6
4
7
6
57
61
♯
66
70
♭

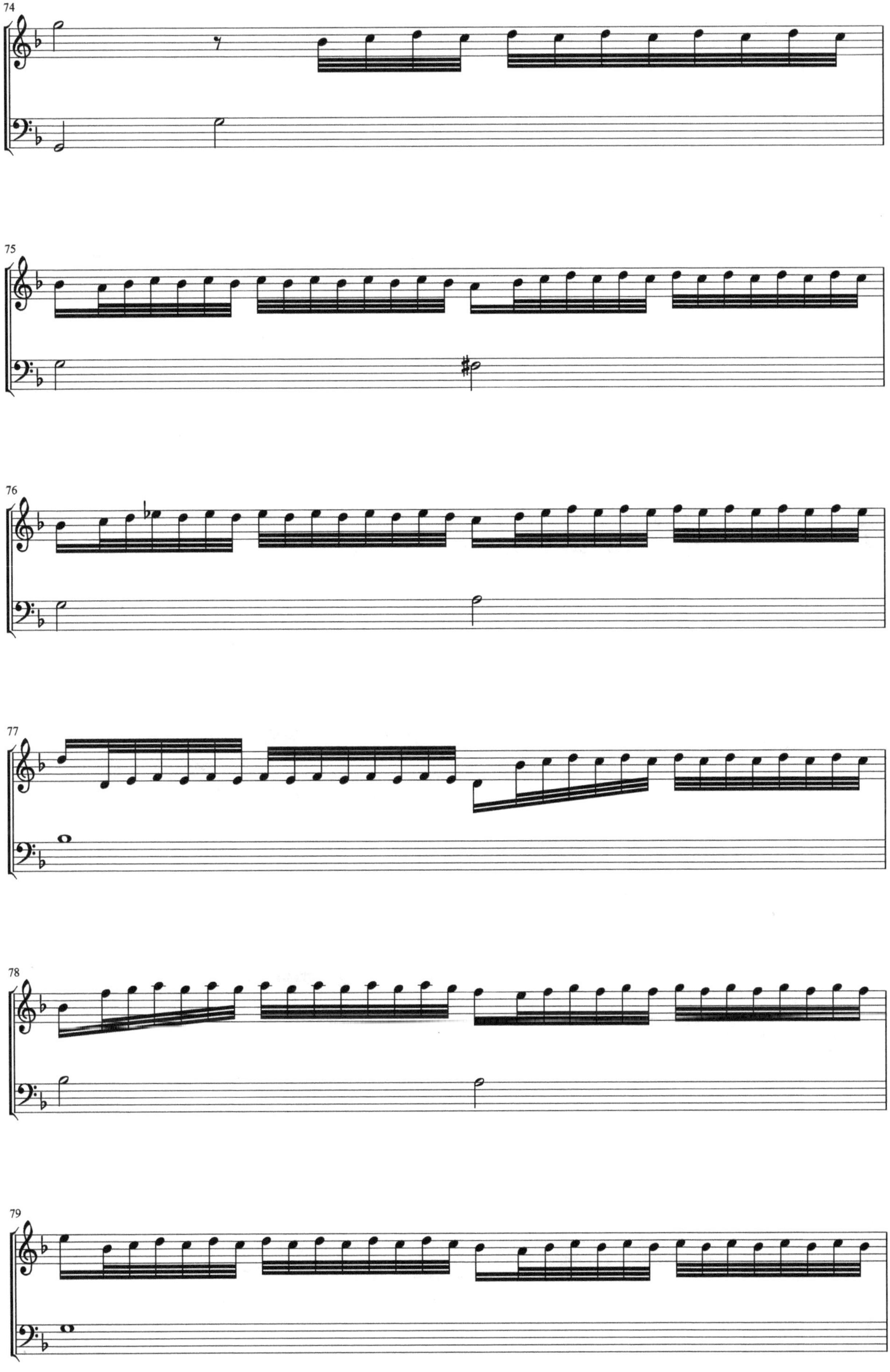
74
75
76
77
78
79

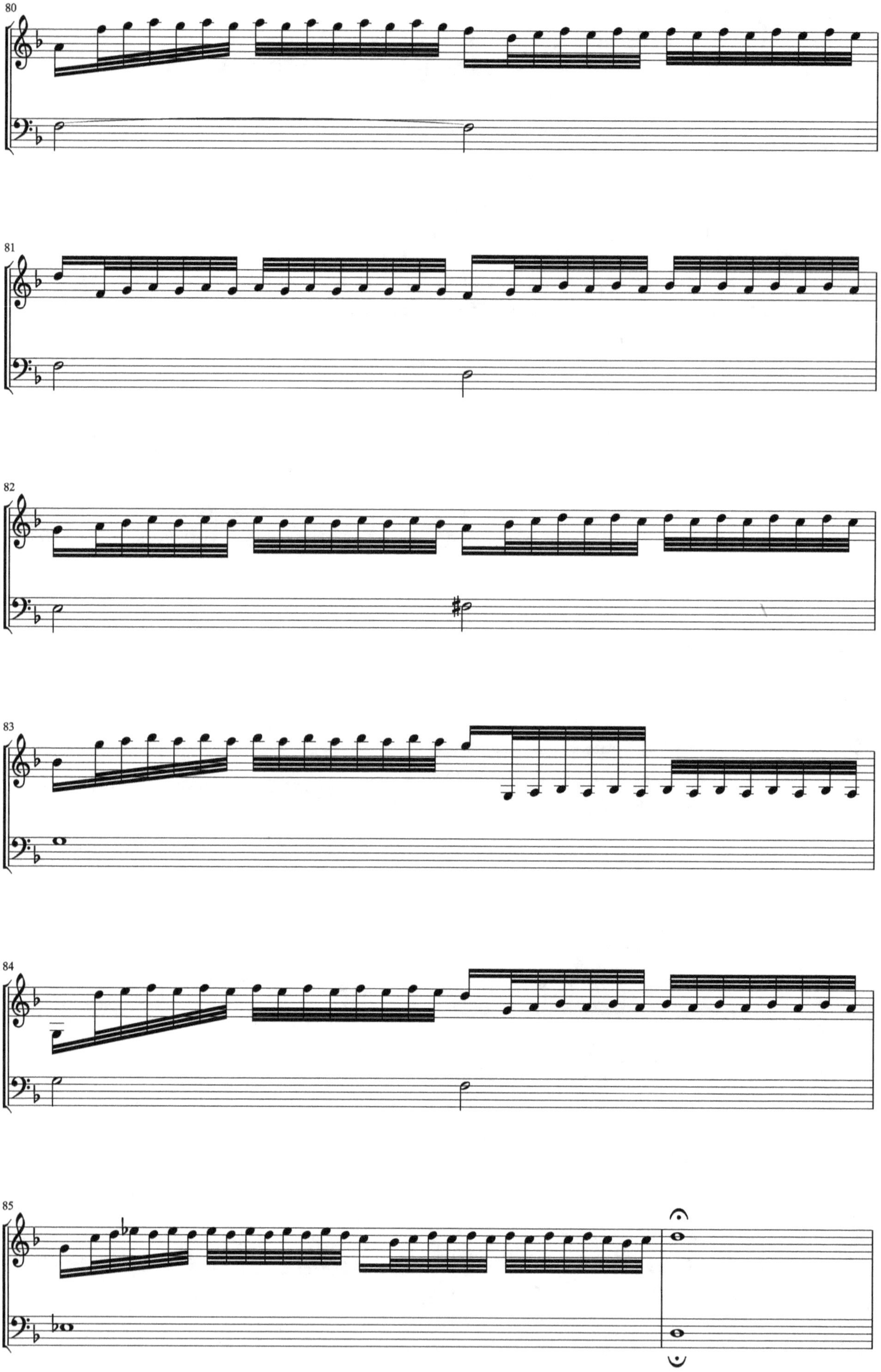
80
81
82
83
84
85

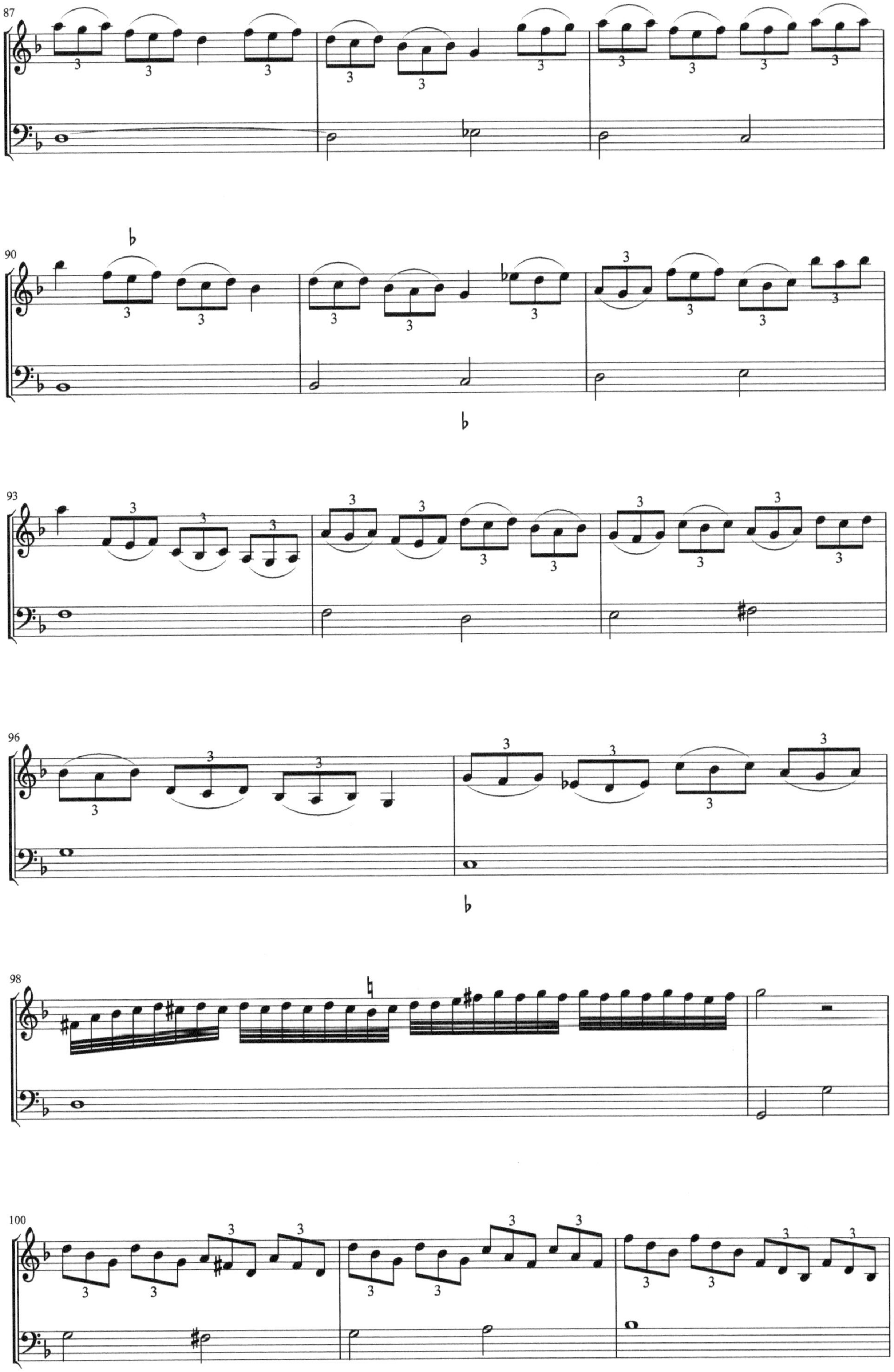
87
90
93
96
98
100

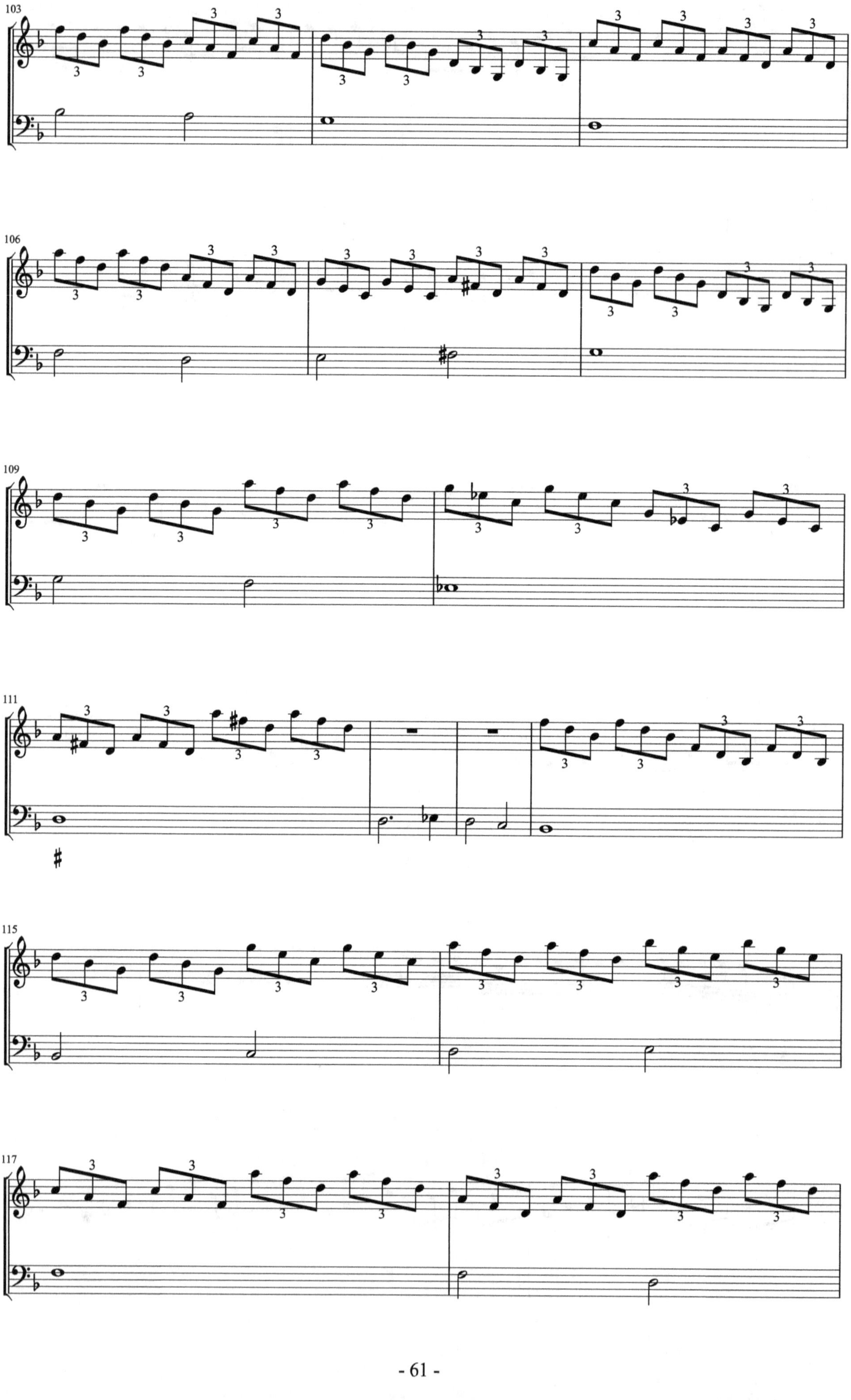

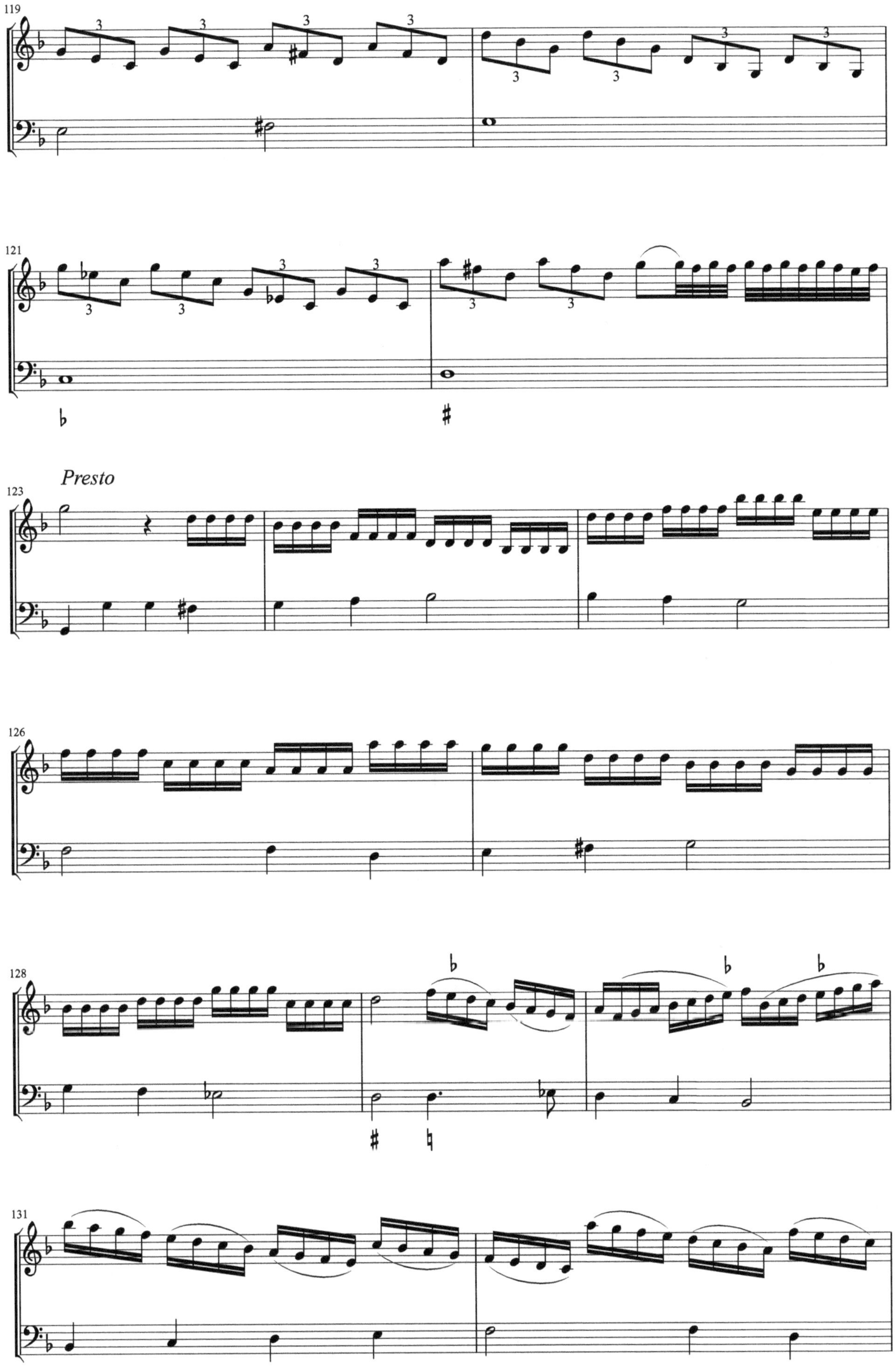
Presto

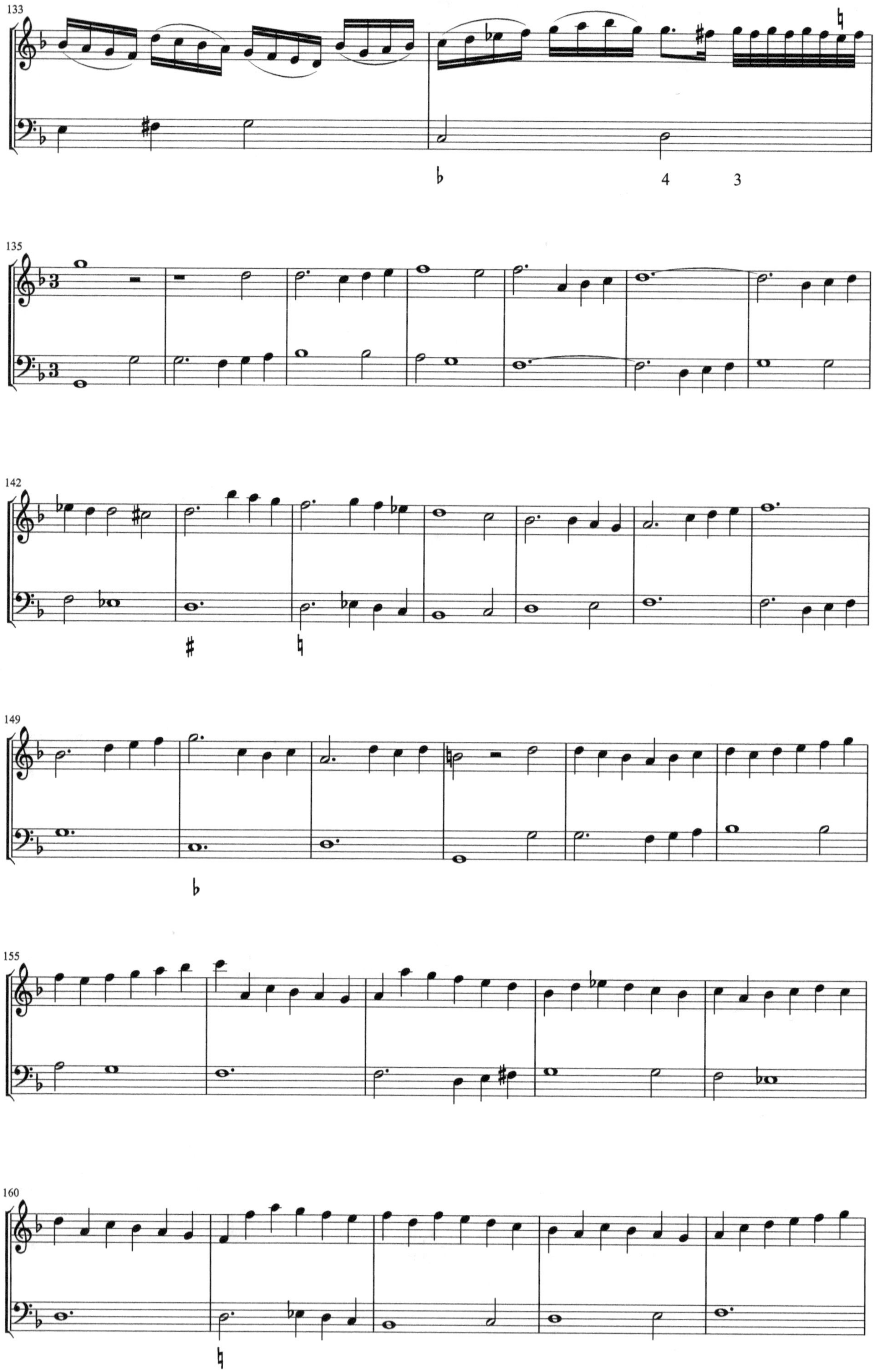
133
4 3
135
142
149
155
160

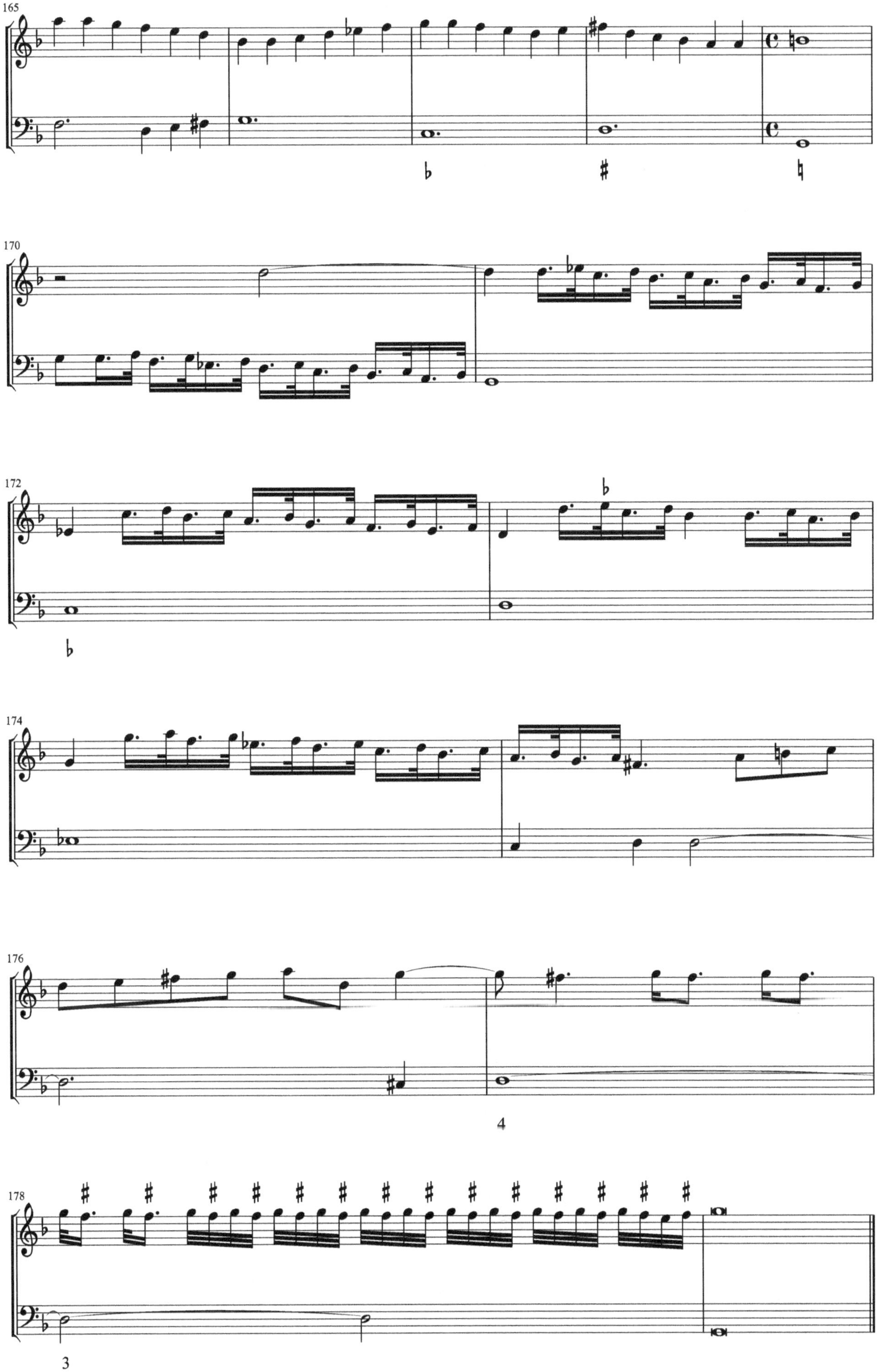
165
170
172
174
176
4
178
3

Sonata Quarta

La Biancuccia

Al molto Illustre Signore Gio. Giacomo Biancucci, mio Signore singularissimo

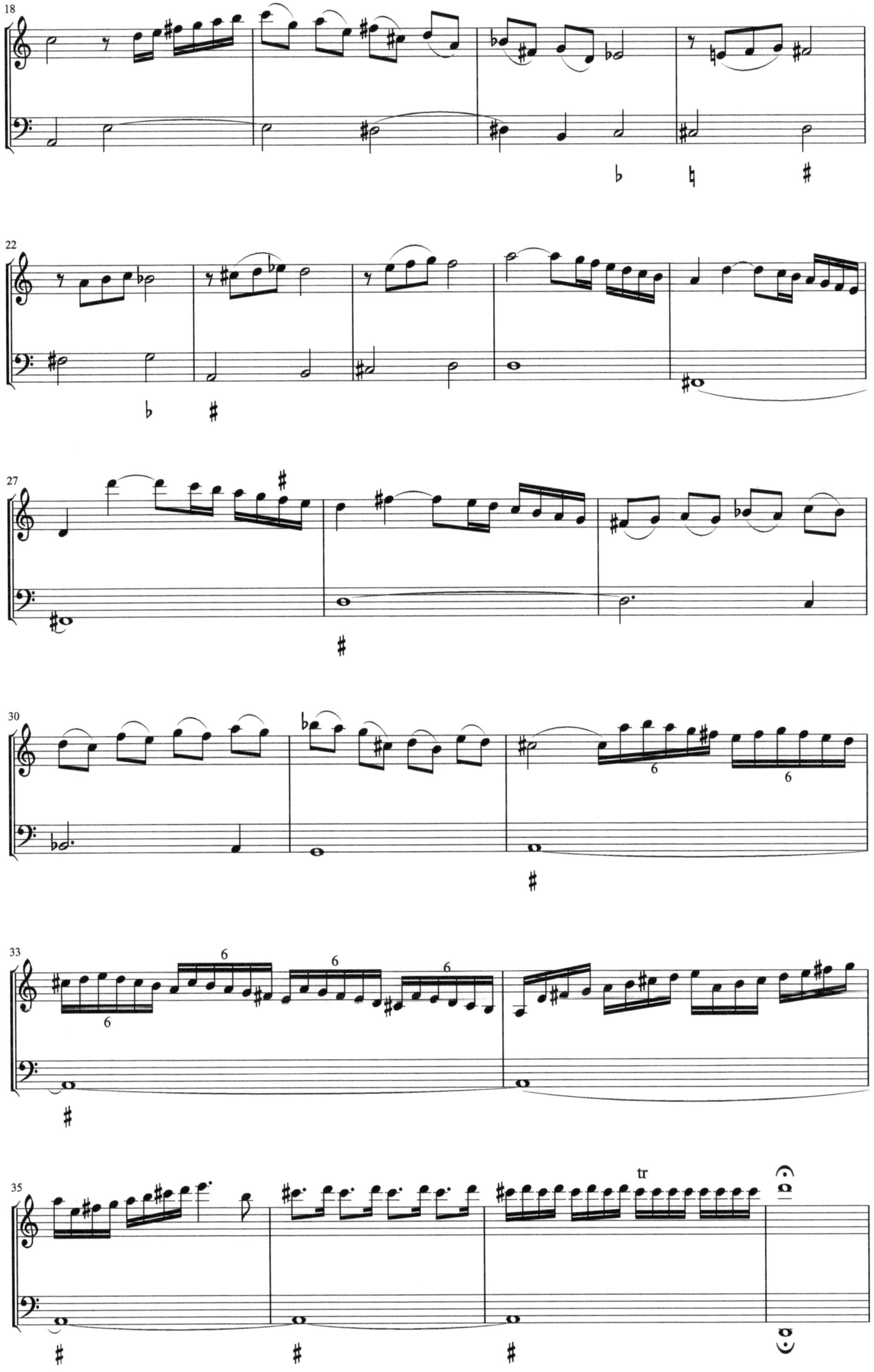
18
22
27
30
33
35
tr

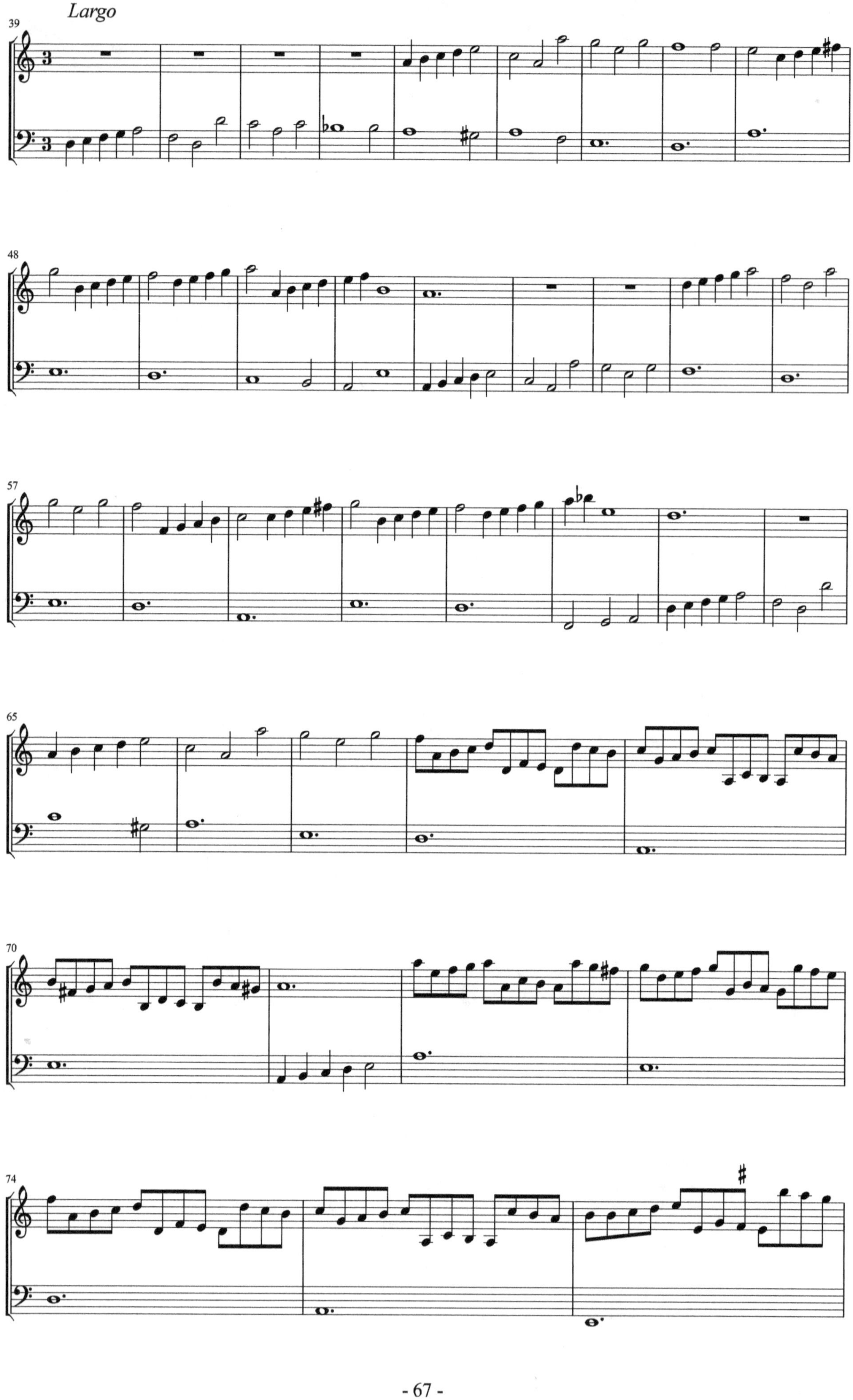
Largo
39
48
57
65
70
74

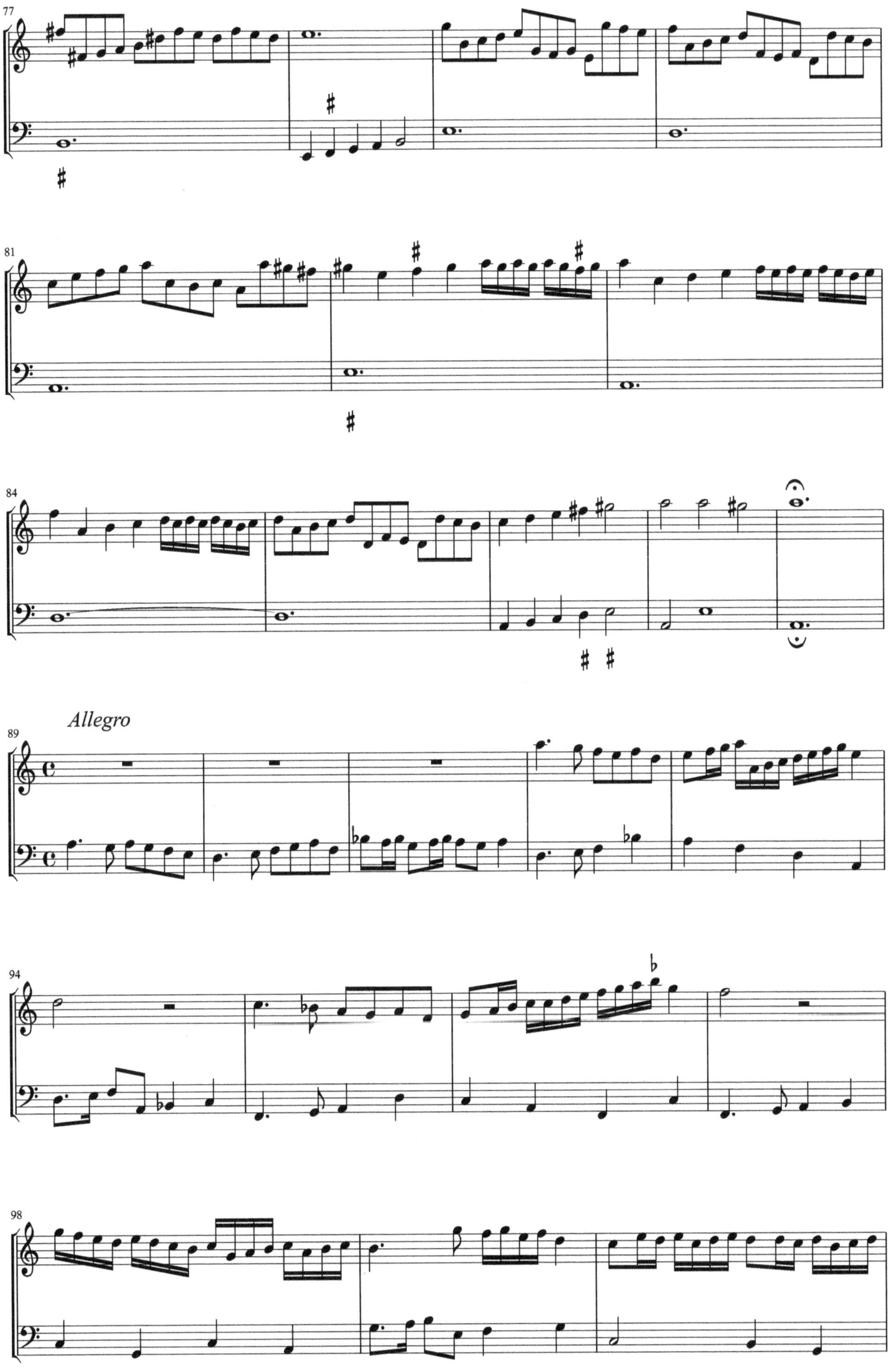
77
81
84
Allegro
89
94
98

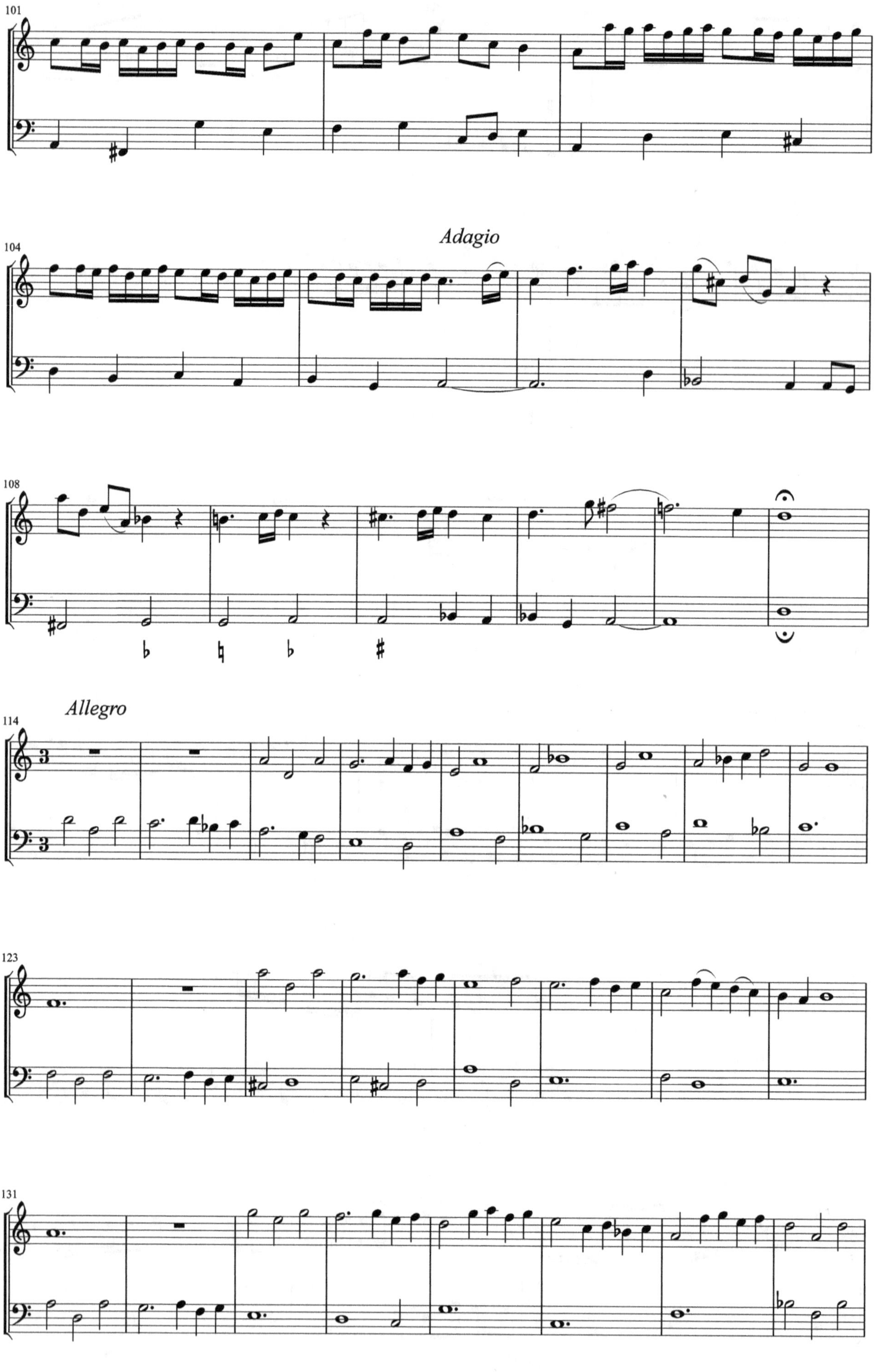
101
104
Adagio
108
Allegro
114
123
131

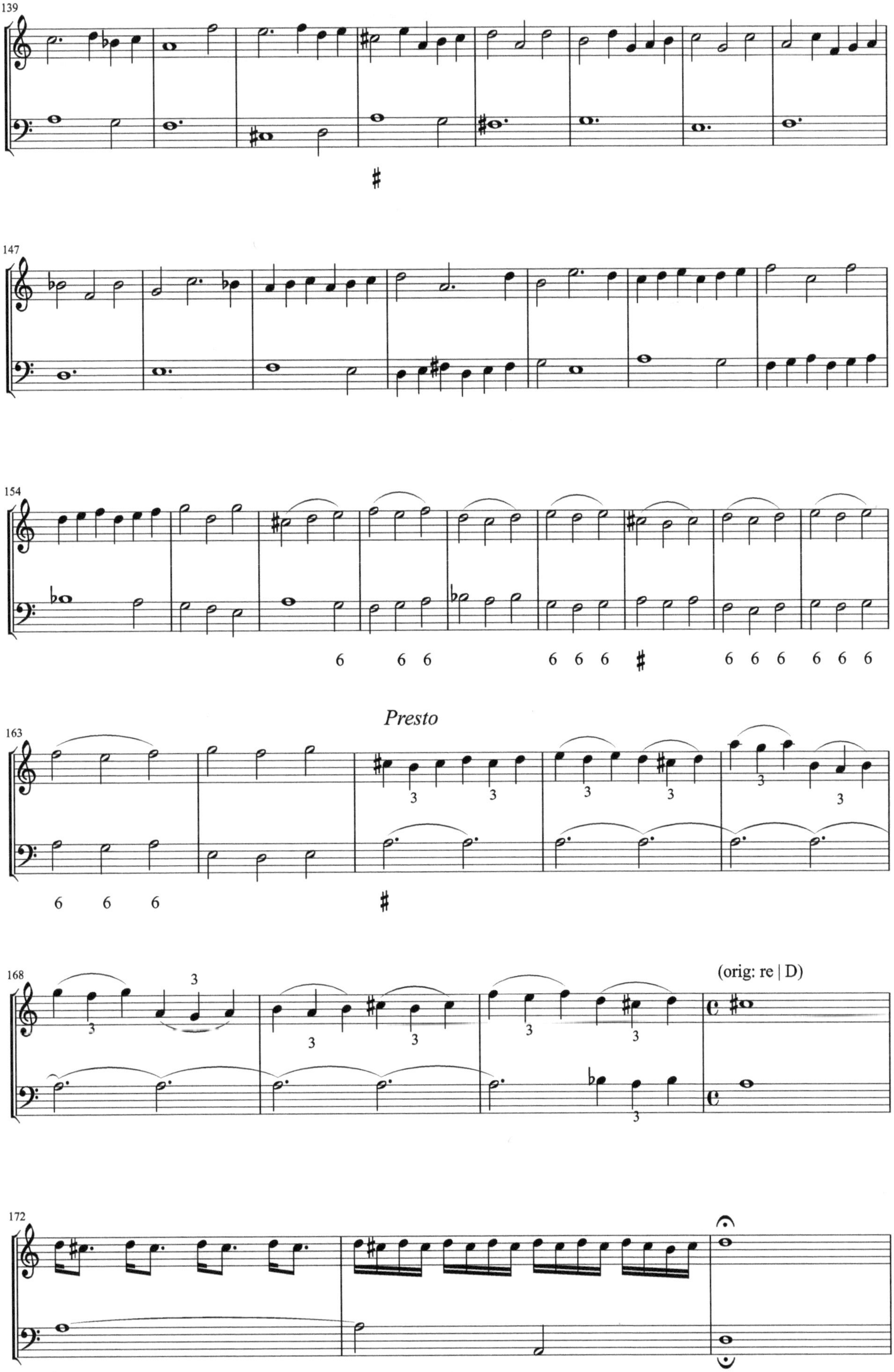
Presto
(orig: re | D)

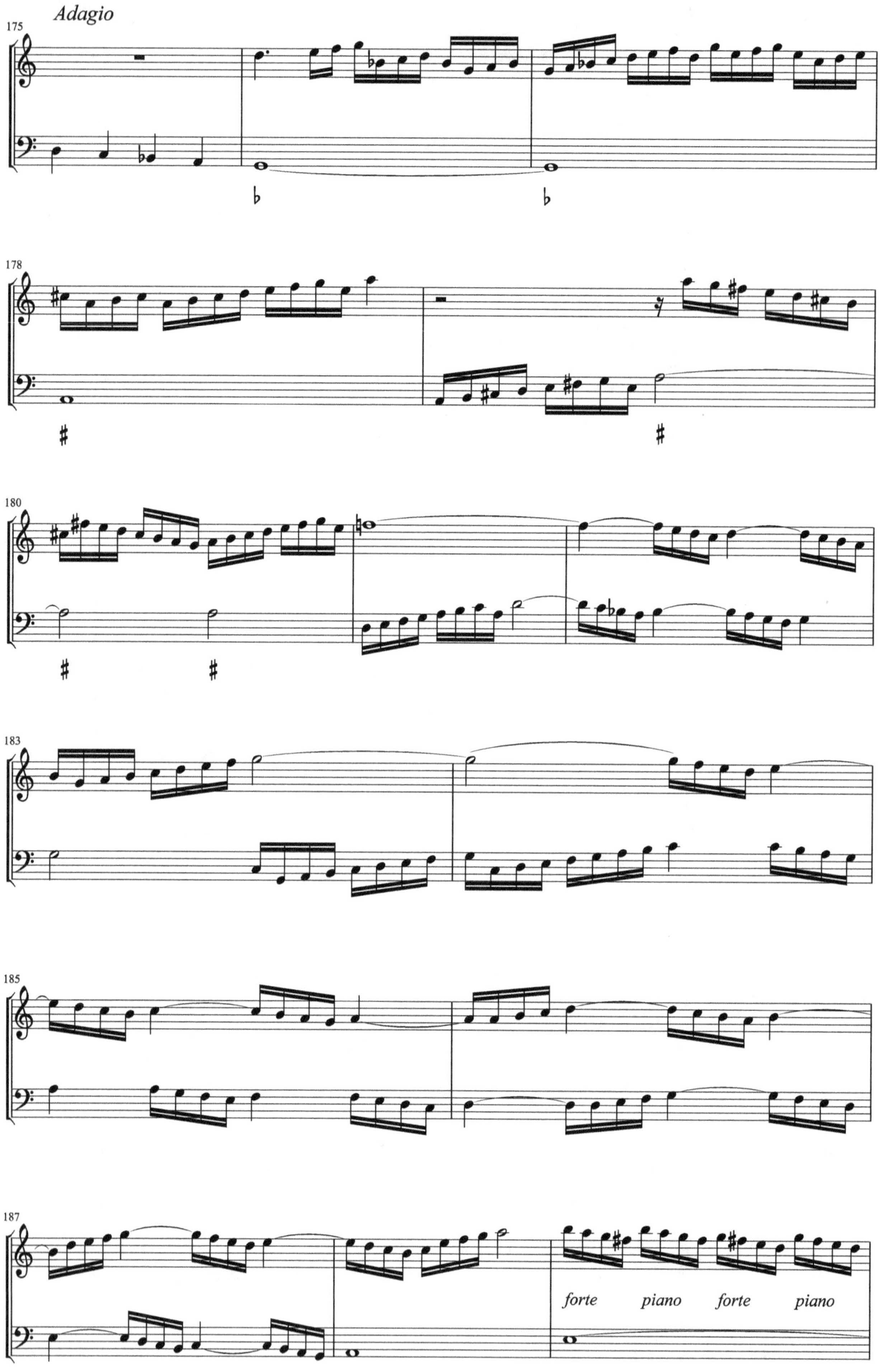
Adagio
175
178
180
183
185
187
forte
piano
forte
piano

190
forte
piano
forte
piano
forte
192
Adagio
4
#3
196
198
201
203
[?]

Sonata Quinta
La Stella
Al Molto Illustre & Molto Reverendo Padre D. Benedetto Stella, Monaco Cistercense,
& Priore meritissimo di S. Gio. Batt. di Perugia

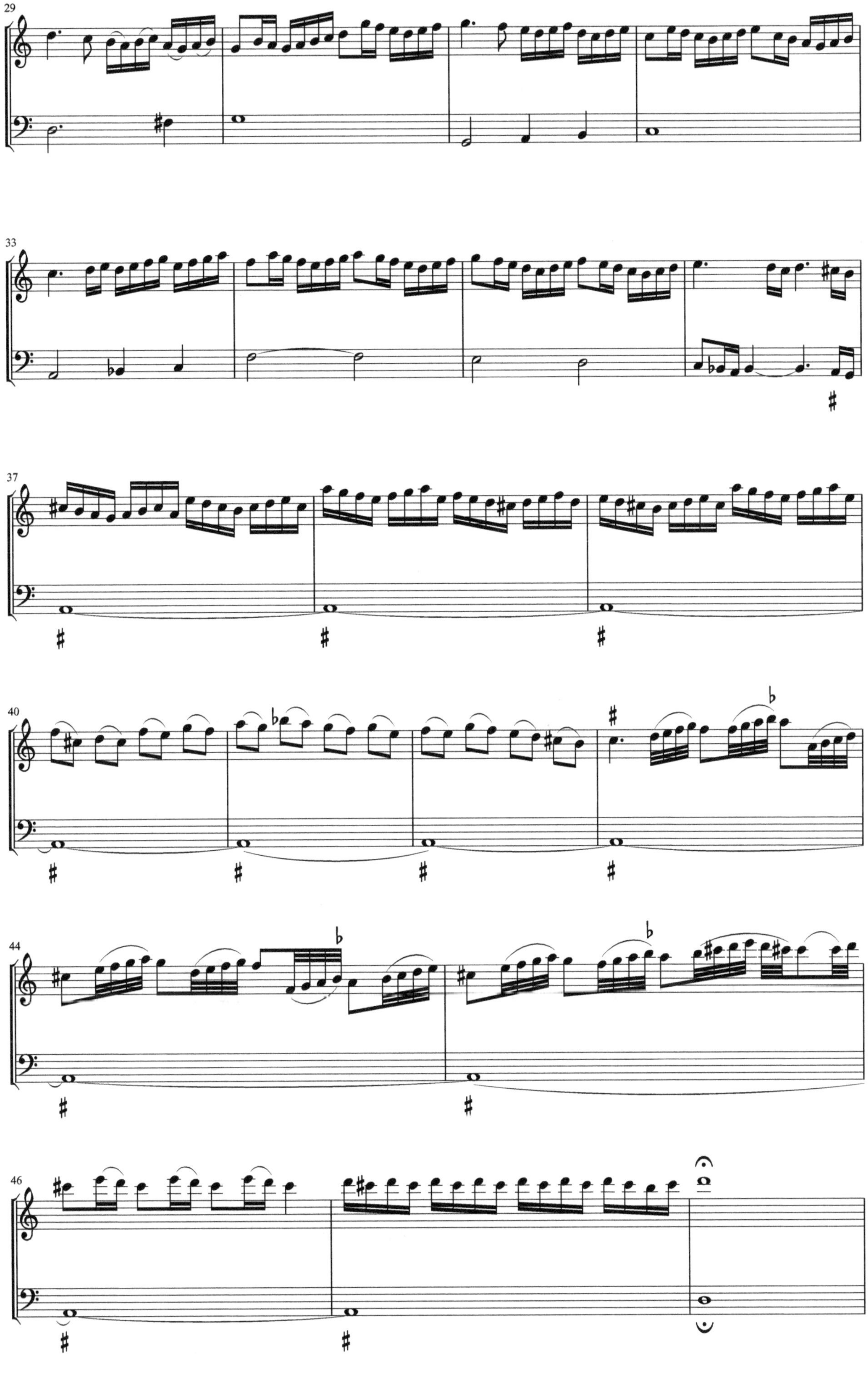
29
33
37
40
44
46

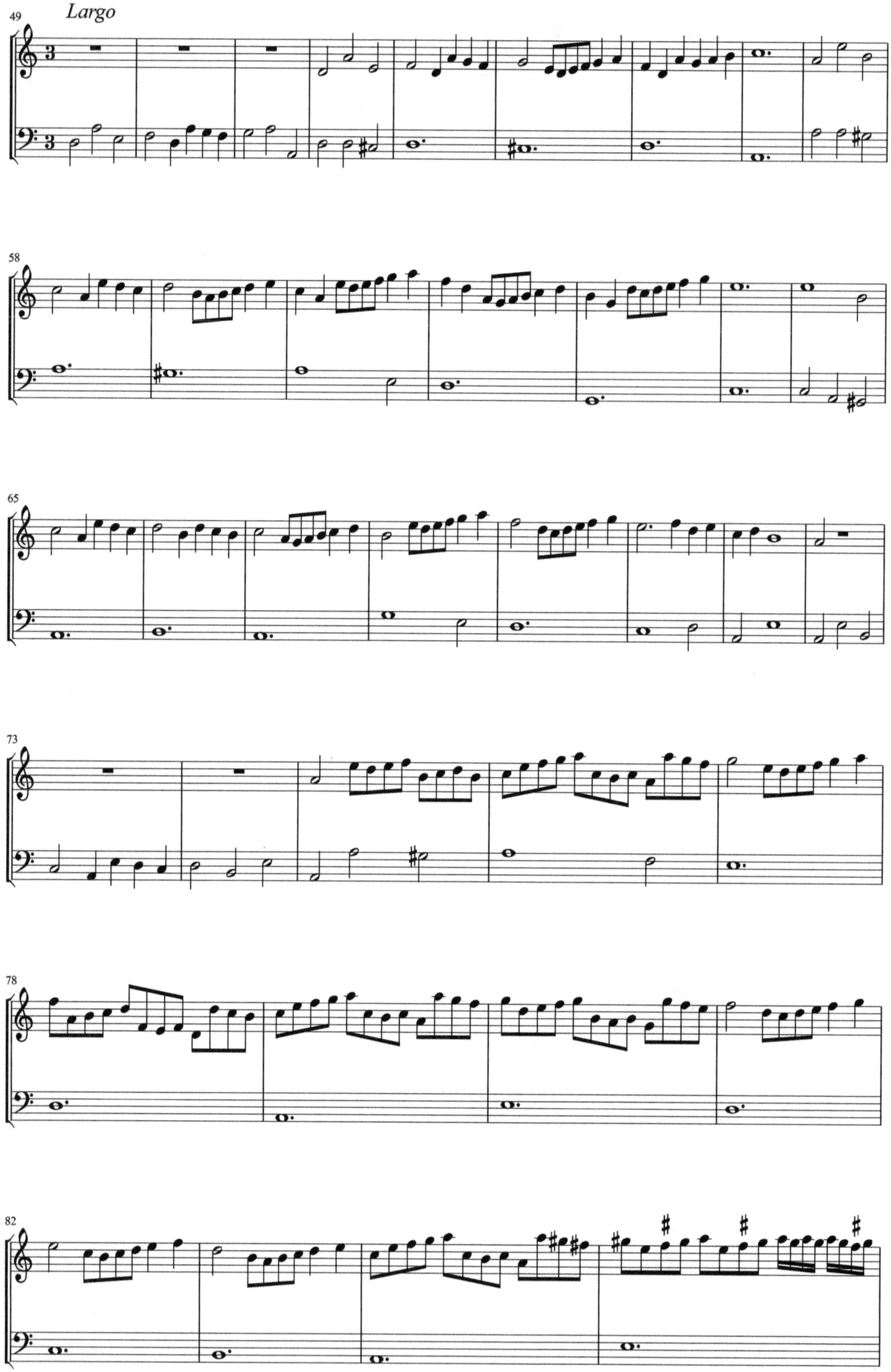
Largo
49
58
65
73
78
82

Sonata Sesta
La Vinciolina
Alla molto Illustre Signora Teodora Vincioli mia Signora singularissima

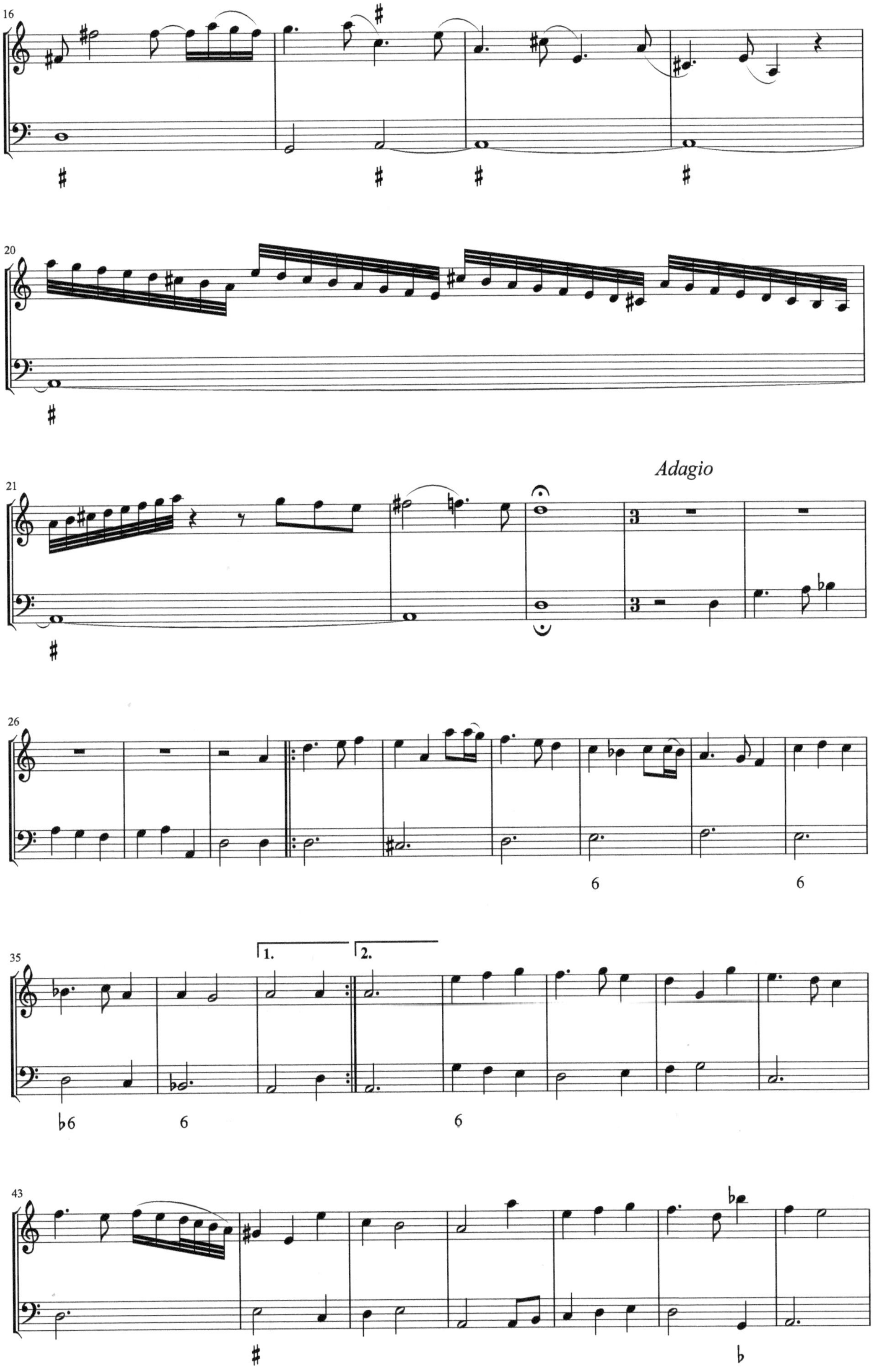
16
20
21
Adagio
26
6
6
35
1.
2.
♭6
6
6
43

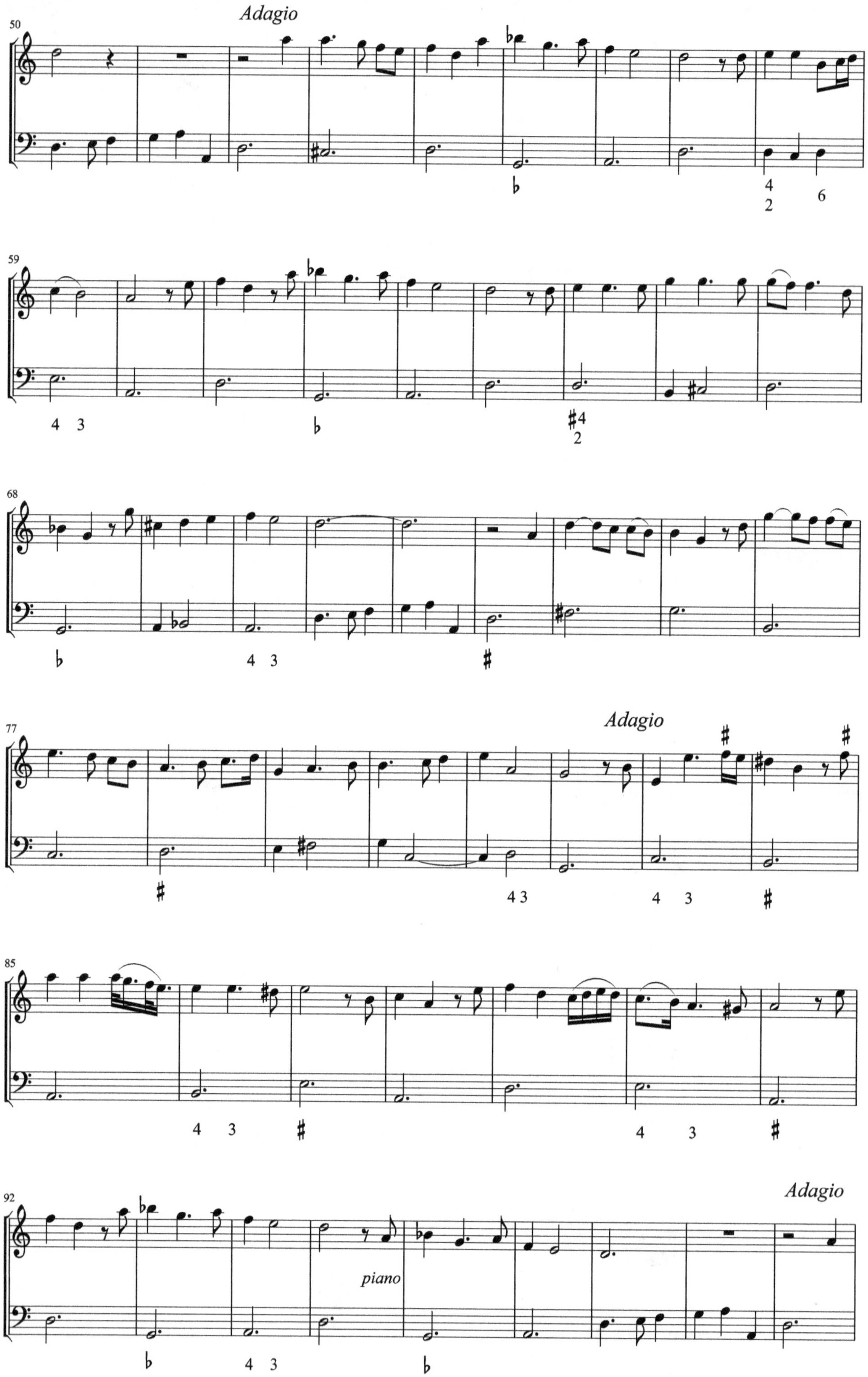
Adagio
Adagio
piano
Adagio

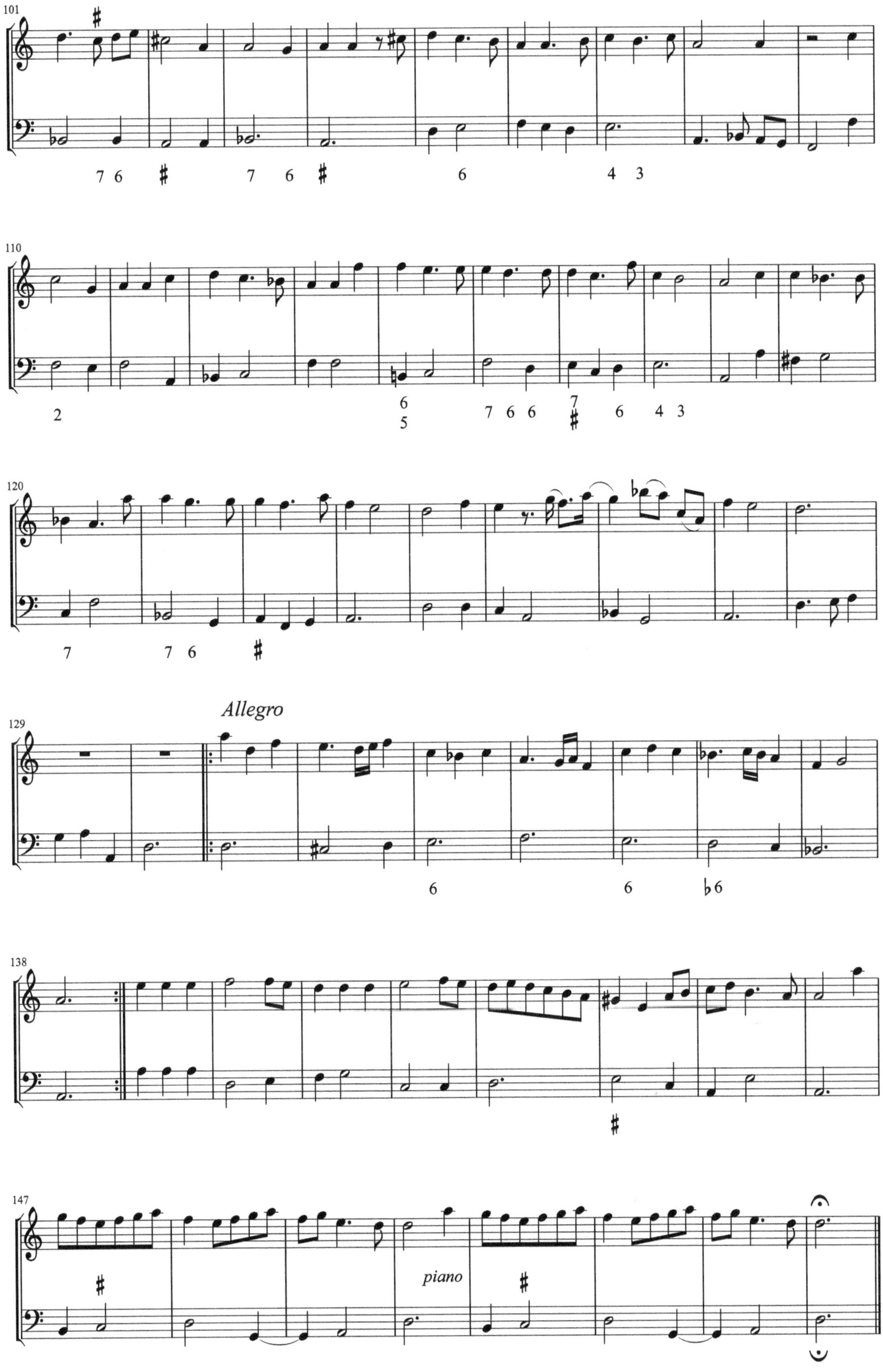
Allegro
piano

Pandolfi Mealli | Sonate a violino solo op. 3 & 4

INDEX

SONATE OPERA TERZA

*

SONATE OPERA QUARTA

M*

trascrizione e pubblicazione | edited & published
Michele Bertucci
edizione pratica per esecutori | practical edition for performers
Modern Urtext Editions

www.ingramcontent.com/pod-product-compliance
Lightning Source LLC
Chambersburg PA
CBHW081518040426
42447CB00013B/3267